EDUCATION GOOD CHILDREN 108 WAYS

不娇 不惯
养成聪明女孩
108招

陶红亮◎著

青岛出版社
QINGDAO PUBLISHING HOUSE

图书在版编目（CIP）数据

不娇不惯养成聪明女孩108招 / 陶红亮著. -- 青岛 ：
青岛出版社，2016.4
    ISBN 978-7-5552-3689-4

    Ⅰ．①不… Ⅱ．①陶… Ⅲ．①女性－家庭教育 Ⅳ．
①G78

中国版本图书馆CIP数据核字（2016）第044479号

书　　名　不娇不惯养成聪明女孩108招
作　　者　陶红亮
出版发行　青岛出版社
社　　址　青岛市海尔路182号（266061）
本社网址　http://www.qdpub.com
邮购电话　010-85787680-8015　13335059110
　　　　　　0532-85814750（传真）　0532-68068026
责任编辑　那　耘
特约编辑　郑新新　戚兆磊
版式设计　千　千
印　　刷　北京海石通印刷有限公司
出版日期　2016年4月第1版　2019年6月第2次印刷
开　　本　16开（700mm×980mm）
印　　张　15
字　　数　120千
书　　号　ISBN 978-7-5552-3689-4
定　　价　38.00元

影视版权抢订热线　13811522641
编校质量、盗版监督服务电话　4006532017
青岛版图书售后如发现质量问题，请寄回青岛出版社出版印务部调换。
电话：010-85787680-8015　0532-68068638

前言

每个女孩都是一笔宝藏，拥有不可估量的潜能，等待着父母的发现与开发；每个女孩都是一粒种子，亟待抽枝发芽、开花结果，需要父母用爱与关怀去灌溉；每个女孩都有一颗柔软而又敏感的心，需要父母用赞美与鼓励使她更加强大。

每位父母都希望自己的女孩今后能够有所成就，拥有一个美好的未来，将自己的所有希望都寄托在女孩的身上。为此，很多父母都十分重视对女孩的早期教育。

一位名人说："习惯决定性格，性格决定命运。"由此可见，拥有良好的性格对女孩多么重要。我国古代著名的教育家孔子也曾说过："少年若天性，习惯如自然。"这就说明了女孩要及早培养良好的习惯。良好的习惯将成为女孩成功的基石。

当然，只是拥有良好的习惯还远远不够，女孩如果没有一个积极的心态，做什么事情都畏首畏尾，同样也不能大展宏图，将自身的能力发挥出来。父母需要为女孩营造一个积极的氛围，让她在积极的环境中受到感染，让她的内心充满美好，充满斗志，让她能够拥有良好的心态去面对今后的一切。华盛顿曾经说过："一切的和谐与平衡，健康与健美，成功与幸福，都是由乐观与希望的向上的心理产生与造成的。"积极的心态是女孩一往直前的动力。

现如今，无论是在校园中学习还是在社会上工作，都离不开说话。说话是一门学问，工作和生活中往往免不了要演讲、辩论，这就需要女孩具备良好的口才，拥有强大的语言表达能力。由于女孩天生语言能力较强，在大人们看来，与小男孩相比，小女孩往往更加能言善辩。可是随着女孩慢慢长大，有些女孩会变得越来越沉默，越来越不喜欢表现自己。要重新激发她的这种能力，就需要父母们耐心地去培养。良好的语言表达能力能够助女孩离成功更近一步。

现在的社会，市场经济快速发展，一些高消费的场所也越来越多，商场里的商品更是琳琅满目，连学校门前的小商贩们也越来越多。由于现在的女孩受到的物质诱惑越来越多，很多女孩花钱就越来越大手大脚，也出现了同龄孩子相互攀比的现象。为了让女孩的身心能够健康成长，许多父母将培养女孩的理财观也提上了教育日程。当然，培养女孩的金钱观应该越早越好，这样才能让她今后正确对待金钱，正确使用金钱，做金钱的主人，不容易被金钱所诱惑而误入歧途。良好的金钱观是女孩正确看待未来的警示牌。

当今的社会是一个以人为本的社会，虽然强调着个人的能力，但善于与他人合作仍是主宰成功的必不可少的先决条件。父母应从小就培养女孩合作的理念，让女孩拥有与人合作的精神，学会与人沟通，学会为人处世之道，如此才能让女孩今后顺利走向社会。学会与人合作，是女孩走向成功的阶梯。

上面这些理念都需要父母的耐心教导，才能让女孩掌握这些能力。但是，随着女孩一天天长大，父母们可能会发现和她沟通越来越困难，发现女孩越来越不听自己的话，还经常会和她因为一点点小事而争吵。其实，这不仅仅是女孩自身的原因，父母们的问题也很多，如果你能经常和她心平气和地交流，能认真地将女孩的话听完，能真正地站在女孩的角度去理解她，能放下父母的架子去和她交朋友，那么，你的女孩肯定不会再和你保持距离，肯定不会还没说几句话就争吵，她肯定会经常与你聊天，经常与你讨论问题，这样，她才会明白你的良苦用心，自然而然地也就遵从你给的意见。

在培养女孩能力的同时，父母们也不要忽视对她行为品德的培养。讲文明懂礼貌是中华民族的传统美德。女孩懂礼貌，可以让他人更容易接受自己，正确的礼貌用语也能赢得他人的喜爱。女孩拥有文明的行为举止，不仅能显示出自身的修养，还能受到他人的尊敬。父母应从小就培养女孩这种讲文明懂礼貌的美德，让女孩来传承这种传统美德。

美德，让女孩更加具有修养；美德，让女孩更加富有内涵；美德，让女孩更加优雅。父母不能忽略女孩的美德教育，因为美德是女孩养成良好习惯的前提，是女孩拥有良好品行的条件。父母自身所具备的美德也无时无刻不在影响着女孩，想要女孩拥有良好的美德，父母也要增加自身的涵养，严于律己，成为女孩最好的榜样，让女孩在潜移默化中提升自己的涵养，养成良好的品德。

父母在教育女孩的同时，也要学会欣赏女孩，因为，女孩需要父母的倾心关注，真诚欣赏，赞美赏识。你的倾心关注，能让女孩在时刻感受到你的关怀的同时，体会到你的辛勤与奉献；你的真诚欣赏，能让女孩在感受到自己的优点的同时，体会到你对她的尊重；你的赞美与赏识，能让女孩在认知到自己不足的同时，体会到你的用心良苦。赏识，让女孩进步得更快；赏识，让女孩更加自信；赏识，让女孩变得更加勇敢。赏识教育，是女孩拥有一切良好行为品德的前提。

目 录

Part 01

第一章

发掘潜能，
培养不平庸的女孩

每个女孩都是一颗种子，她亟待发芽、抽枝、开花、结果。她也许是一颗茉莉花种，以后会长成清新淡雅的茉莉；她也可能是一株小草，今后会焕发出蓬勃向上、顽强不息的生机……她像待人开发的宝藏，蕴藏着无限的潜能，也许你不经意的一句话，或是一个小小的鼓励，她都会回报给你一个惊喜，让你发现，原来她是如此"深藏不露"，而这些，都需要你去发现、去探索。

鼓励女孩勇于尝试新鲜事物

女孩需要经常被鼓励，尤其是敏感的女孩。在女孩的学习和生活中，在她体验和探索的过程中，父母要及时发现她的进步，就算是只进步了一点点，都要抓住这个机会对她进行积极的鼓励与赞扬，当女孩看见每次自己的进步得到认可与肯定，就会增强她的成就感与信心，她会更加愿意更加努力地去尝试新的事物。

缺乏自信心的女孩胆子特别小，只要碰到自己不熟悉的人或物就会躲到父母的身后，所以父母们培养女孩的自信心非常有必要。

帮助女孩克服恐惧心理

研究表明，女孩天生惧怕两种东西：一个是自己的身体失去支撑而跌倒，另外一个就是大且怪异的声音，而其他的惧怕心理均为后来养成，有时大人们的恐吓或父母遇事时的大惊小怪都会使她产生惧怕心理。还有不要吓唬女孩，不要讲恐怖故事，消除导致她胆小的因素，要试着让她与她所害怕的东西慢慢接触，这样才有利于了解、熟悉和习惯那些令她害怕的东西。父母们要试着放任女孩去追求自己喜欢的东西，在不断的追求中，她才能逐渐克服自身的惧怕心理，从周围的生活中学到一些常识，从而知道什么是安全的，什么是危险可怕的。同时，父母还应克服自己的惧怕心理，这会对女孩产生正面影响，更有利于改变女孩胆小的状况。

常常受到鼓励，女孩才更加自信

人生道路上，成功与失败的经验都很重要。父母应理解女孩犯错，要给她改正错误的机会。女孩在犯错后很容易产生挫败感，不要让她失去自信心，多鼓励，少责罚，并帮助女孩分析其失败原因，寻找对策，要帮助她树立起战胜困难的勇气和信心。

童童是名小学一年级的学生，一天，童童的妈妈接童童放学，由于风很大，妈妈的围巾被风撩了起来，妈妈本想用手按住飞起的围巾，可手里还提着皮包，十分不方便。看到这种情形，童童便主动对妈妈说："妈妈，我帮你拿包吧？"妈妈稍微迟疑了一下，还是让童童拿了皮包，接着她才开始整理围巾。

可就在这时，风刮得更大了，童童一不注意就将皮包掉在了地上的水洼里。童童一脸惊恐，马上把皮包捡了起来。

看到这些，妈妈的脸色立刻变得十分难看，大声地训斥童童："你怎么这么笨啊！连个皮包都拿不住！你看看，包都脏成这样了，你让我怎么拿？你真笨……"

只见童童低着头，一声不吭，眼泪哗哗地涌出来。

女孩生性敏感脆弱，妈妈的训斥一定伤透了女孩的心，若是以后再出现这样的情况，女孩肯定就不会那么主动地从妈妈的手里接过皮包，并且还会在做类似事情的时候产生一种抗拒的心理。如果妈妈在遇到这种情况时不是像那样严厉训斥责骂女孩，而是安慰她，告诉她下次应该怎样做就不会出现这种情况，并鼓励她，说一些"你下次一定能做得更好"等鼓励的话，树立起女孩的自信心，你会发现她真的比上一次做得好很多。

父母要相信，"我相信你能行"这句话对女孩有一种潜在的激励的力量，您可以反复地强调这句话，并在女孩退缩畏难的时候用这句话来鼓励她。当然，您在日常生活中还要让女孩多做一些力所能及的事情。

激发女孩的求知欲，做有智慧的女孩

　　女孩在成长中必然会遇到很多新鲜的事物，面对这些新鲜的事物，她会主动地去尝试、探索，只有在不停地尝试和探索中，她才会体会到生活的含义，体会到成功的喜悦。所以，父母要鼓励和培养女孩的求知欲。

　　有想法的女孩都喜欢问问题，喜欢探究各种有趣的事物，因此她们的脑筋会比较灵活。在日常的生活中，父母要鼓励女孩多提问，最好让女孩的创意得到更自由的挥洒。也许女孩在有时候会提出一些连父母也回答不了的问题，但父母们千万不要胡乱编个理由搪塞过去，可以让女孩自己也先想一想，过一段时间后再与女孩一同讨论这个问题。

如何激发女孩的求知欲

　　首先，父母要认真对待女孩提出的每一个问题。通常情况下，对于女孩提出的问题，父母不能把所有的答案都告诉女孩，应该正确地引导女孩去探索、去发现。而如果父母无法解答女孩提出的问题，就要鼓励女孩自己去寻找问题的答案，并支持女孩亲自去尝试与探索的行为。

　　其次，父母在激发女孩求知欲的同时，还要教会女孩怎样去观察周围事物，观察对女孩来说是一个培养兴趣、发展智力的最好途径。女孩在观察中不仅可以活跃思维、获取知识，还会将所学到的知识运用到实践当中去。

一日，李先生在一本杂志上看到了有关德国数学家高斯的故事，让他感到吃惊的是高斯竟然在 8 岁时便发现了著名的数学定理。这时，李先生刚上二年级的女儿姗姗放学回来，他便喊住姗姗，说："爸爸今天考你一道数学题好不好？""什么问题呢？"姗姗好奇地问。"你来算算，从 1 到 100 这 100 个数相加是等于多少呢？"

听罢，姗姗便拿起笔和纸，认真地算了起来，边算还边说："这算起来也太麻烦了。"

过了很长时间，姗姗终于兴奋地说："爸爸，我算出来了，结果是 5050！"

"不错，算对了，但算的时间太长了，想不想学习一个更快更简单的方法？"李先生问姗姗。

"想！什么方法啊？"姗姗好奇地问。

"你看看，如果这样有没有什么特别？""李先生边说边在纸上写"1 + 100，2 + 99，3 + 98……"

姗姗聚精会神地看着。一会儿，她便惊喜地喊道："我知道了，在 1 到 100 里一共有 50 个 101！"

"对，你看像这样计算是不是简单多了？"李先生欣慰地对姗姗说。姗姗点点头。

李先生又继续说道："其实这是德国一个叫高斯的数学家在 8 岁的时候发现的，现在你也发现了，爸爸相信你以后会有更好的发现！"

"嗯，我一定会努力的！"姗姗坚定地对爸爸说。

鼓励并引导女孩，让她从观察中获取更多

当女孩主动地向你展示新发现时，父母不要因为她发现的事物幼稚而去嘲笑她，应该鼓励女孩，对女孩说："你真棒！发现了一个这么大的秘密！"

在日常生活中，父母要经常问女孩遇到了什么有趣的事情或又有了什么新的发现。例如："宝贝，今天你又有什么新发现呀？"

父母还要注意引导和激励女孩去自己发现，要常问她："这里面隐藏着一个小秘密哦，你能看出来吗？"

提高心理素质，克服畏难心理

女孩的畏难心理，并不是在所有的事情上都有所表现，通常只是对某件事情或者某一方面产生畏难心理。

女孩产生了畏难心理，不利于今后的学习和生活。对于学习来说，一旦产生了畏难心理，就可能考不出理想的成绩；若女孩对生活也产生了畏难心理，就会失去对生活的信心，不利于培养健康的心理。因此，畏难心理是女孩好好学习和积极生活的敌人。

了解并帮助女孩克服畏难心理

父母要全面地分析女孩畏难情绪的表现，找出女孩到底是在哪方面有畏难心理，从而帮助女孩去克服这种情绪。首先父母自己要克服"女孩难教"的这种畏难心理，否则便没有办法帮助女孩；其次父母要有耐心，多做一些细致的教育工作，促使女孩接受父母的教育，最终提高女孩主动学习和做事的积极性。

每个父母都想把女孩培养成坚强勇敢的人，但是父母不能急于求成，在开始的时候可以将目标定得稍低一点，有了效果以后再逐步提高要求，让女孩逐渐适应，从而克服自己的畏难心理。

韩美已经 15 岁了，虽然已经面临中考，可她还是提不起精神好好读书，尤其对考试非常抵触。一天，韩美又从老师的手中接过数学试卷，眉头紧锁，心想：糟了，才 72 分，回家肯定又要挨骂了。

回到家中，韩美垂头丧气地对妈妈说："妈，这是我这次数学考试的试卷，考了 72 分。"

"你这不争气的东西，你是怎么读书的，这么多书你都读哪儿去了，才考 72 分，我看你是疯了！"妈妈瞪大眼睛呵斥道。

韩美含着泪，听着母亲的责骂。

晚饭过后，妈妈又大声喝道："不争气的东西，还不赶紧洗碗去！"

低着头，韩美咬着下唇含泪整理好餐桌并洗好碗筷。

父母们都是望子成龙、望女成凤的，但是责骂并不是最好的教育方法，相反这只会让女孩"知难而退"，面对困难时产生恐惧心理。女孩的畏难情绪主要是不自信造成的，而不合时宜的责骂会让女孩的自信心荡然无存。因此当女孩失败的时候，父母要做的不是责骂，而是客观地分析失败的原因，向女孩阐明道理，督促她改正自身的缺点。

学会倾听，保护女孩对生活的热情

父母们要明白，女孩在小时候所考取的分数是暂时的，没有必要为此而过分责备女孩。父母要做的最重要的事情，是保护女孩对生活的热情。父母要懂得赏罚有度，当女孩成绩不理想时，父母要适当地给女孩鼓励，要告诉女孩："只要你下次努力，你一定会取得更好的成绩，我相信你能行的。"只有等她主动认识到学习的必要性，而不是被迫学习，才能获得优异的成绩，同时还能保持健康的心理状态。一旦女孩具备了健康的心理状态与良好的思想基础，她就能经受得了磨炼，不会因困难与失败而失去信心，面对困难勇敢地迎面而上。

培养女孩的观察能力

观察力是指人通过眼、鼻、耳、舌、身去感知客观事物的能力。观察是一种有计划、有目的的感知活动，而不是随意地、盲目地去感知，学习便是从观察开始的。

从心理发展的角度来说，智力活动的基础就是观察，观察力是智力发展的必要条件，是观察事物的能力的体现，也是日常生活中所必需的能力。父母想要提高女孩的学习成绩，只是发展她的智力而不提高她的观察力是不行的。前苏联教育家赞可夫指出："学生学习成绩落后的原因纵然是复杂的，但普遍的特点之一是观察力差。"

有计划地观察事物

观察力是开启女孩智慧的钥匙。科学研究表明，人的大脑所获得的信息 80% ~ 90% 是通过耳朵和眼睛所得到的。所以说，观察是智力活动的门户。不论什么样的人，倘若不具有较强的观察力，那么他的智力就很难达到较高的水平。

观察活动有范围大小、时间长短、内容繁简的分别，需要有计划地进行。有计划地观察是指在进行观察活动之前，先制定好观察的目的。例如想要观察怎样做米饭，就要注意观察有多少米、怎么洗、锅里放多少水、大火煮多长时间、小火焖多长时间这几个关键点。

若教导女孩像这样有计划地进行，看着父母怎样做，然后自己在一旁一边帮忙，一边观察，不仅能让女孩学会做饭，还提高了她的观察力。女孩若是没有计划地观察，难以起到良好的观察效果，也不利于提高女孩的观察能力。

朵朵今年虽然才上初二，可已经是爸爸妈妈的好帮手了，她不仅学习成绩优异，在家中更是经常帮助爸爸妈妈做家务，别的父母羡慕不已，总是问朵朵妈妈到底是怎样教出这样一个全能的女儿的。

朵朵妈妈欣慰地说道："朵朵还小的时候，我一做家务或是做饭时她就喜欢在我旁边打转，有时还有模有样地记录一些东西，我一直以为她是在玩。在她 11 岁的时候，我和朵朵爸爸都很忙，很晚才能回家给朵朵做饭，没想到有一天回家之后竟然看见朵朵已经把饭做好了，我们都特别感动，从那以后只要一有时间，朵朵就抢着帮家里做家务、做饭。"

而朵朵却说："之前只是因为好奇，才一直跟在妈妈身边，看她到底是怎么做出那些好吃的饭菜的，我又怕忘了，所以才会记录一些步骤。爸爸妈妈第一次吃我做的饭，看到他们那么感动，我也特别激动，觉得爸爸妈妈为了我特别不容易，就想着以后要为他们分担一些负担。"

如何培养女孩的观察力

女孩的观察力是在具体的观察活动中，由成人的引导与鼓励逐渐发展而成，父母可从两个方面入手，更好地培养女孩的观察力。

首先，从女孩的兴趣入手，父母要激发女孩观察的欲望，才能让她进一步地进行观察。在家中，父母们要鼓励女孩说出自己喜欢的事物，然后让她说出为什么，并鼓励女孩更多地去观察这种事物，从而发现更多新奇的事物。

其次，经常变化的环境能激发女孩的好奇心，并且更有利于女孩发展观察能力；活动着的事物比静止的物体更容易引起女孩的注意力，并且观察的持续时间也比较长，这就是女孩为什么喜欢看汽车或是看动物。因此，父母应注意引导女孩观察的对象，最好是一些形象鲜明、生动活泼的具体事物，这样才会让女孩更加喜欢观察。

让女孩尽情地发挥语言天赋

父母们都知道，女孩的天性是十分敏感的，尤其是青春期的女孩。青春期的女孩和父母的关系总是十分紧张，她们遇到事情的时候总是宁愿埋在心里也不愿意和父母交谈，而这些女孩大多小的时候就不爱说话。所以，父母要注意让女孩在小的时候多说话、敢说话。

与同龄的男孩相比，女孩的语言天赋是较早就显示出来的天赋之一。因为女孩大脑结构的优势，一般都能够比男孩更早、更流利、更生动地使用语言，一般情况下，男孩要到4岁半才可以说清楚自己想要表达的内容，而女孩往往在3岁时就可以做到了。女孩到了16岁时，她大脑中的胼胝体比男孩大25%，她的左右脑半球因此有了更多交流，所以女孩更易于用语言来表达情感，甚至大脑内负责语言和写作的区域会更加活跃，这就是女孩能使用更多词汇，写作也更生动、细腻的原因。正是因为女孩天生便具有这种天赋，所以父母更应该积极地鼓励女孩表达自己的观点、说出自身的感受。而这个时期，父母的鼓励是决定女孩是否敢于发挥自己的语言天赋的重要条件。

给女孩鼓励，让她更好地发挥自己的潜能

其实，女孩在青春期之前，智力比男孩发展得快，这时，女孩会有很多天赋表现出来。

但一到了青春期，受情绪和身体的变化等因素影响，女孩的天赋逐渐地减少。面对女孩的天赋渐渐消失的状况，很多父母都很迷茫：为什么女儿越来越没出息了呢？这是女孩的成长规律。值得父母们注意的是，青春期并不是影响女孩天赋发展的主要因素，决定女孩未来的主要因素仍然是父母对女孩的态度。

李爱是小学三年级的学生，在一次数学课时，老师用很复杂的方法解答一道比较复杂的题目，而李爱却用了一种很简便的方法解答出来，可是老师并不认同她的这种做法。

回家后，李爱失望地把这件事情告诉爸爸："爸爸，今天在数学课上，我用了很简单的方法做出一道很复杂的题，可是老师却不承认我的这种解题方法，我真的很失落。"

爸爸听后，很认真地对李爱说道："乖女儿，你是对的！虽然老师并没有承认你的这种做法，但是爸爸认可你，相信我，这样坚持下去，总有一天老师会认可你的。"

听了此番话后，李爱重新找到了自信与勇气，虽然在以后的成长中，还是会遇到类似的情况，但爸爸的那番鼓励让李爱拥有了继续说下去的勇气。

父母的肯定是女孩成长的最佳动力

在日常生活中，常会见到这样的情景：当女孩唱歌跑调时，妈妈就会立刻纠正，还总是说："你不要再折磨我们的耳朵了！"当女孩刚刚把在幼儿园中学会的舞蹈跳给爸爸看时，爸爸却笑得直不起腰来，最后还说："乖女儿，你跳的是舞蹈吗？！"当女孩拿着自己画的第一幅西红柿的画给妈妈看时，妈妈笑了，并说："这是西红柿吗？西红柿明明是圆的。"这些无疑都扼杀了女孩的想象力与各种天赋，父母们要知道，父母的肯定是让女孩继续发挥天赋的勇气，所以，当父母碰到上述的事情时要肯定女孩，要鼓励女孩，这样才能让女孩更加有信心去做这件事情，才能发挥出女孩潜在的能力。

放开双手，让她做个有主见的女孩

女孩的智力发育得很早，因此小时候的女孩总是比男孩更聪明，在很多方面表现出了极佳的天赋，但是女孩的这些天赋能否得到充分的发挥，就要看父母是否给她支持与鼓励了。

培养女孩形成主见的基础是观察，在日常生活中，父母可以用任何事物举例，让女孩说出这些事物不同的作用；或是在玩接龙游戏的时候，让她通过两样事物去联想这两种事物的相同或不同之处。

如何培养女孩拥有自己的观点

形成主见的一个重要条件是沟通与交流，父母们要多为女孩创造一些与别人交往和沟通的条件与机会。女孩生性胆子就小，现在的父母对女孩更是呵护有加，总是依着女孩的性子，什么也不让她去做，这样就大大减少了她与外人交往沟通的机会，长期下去，就会让她越来越缺乏交往沟通的自信，甚至不知道怎样与其他人相处，各方面都显得比较被动，自然无法在与别人交流的过程中坚持自己的观点。父母要经常带着女孩去串门，或是多去参加聚会，这样，女孩会不由自主地去观察父母与别人沟通的方式，从而在这观察的过程中学到很多有关交往沟通的知识，渐渐放开胆子，更好地学会与别人进行交流沟通。让女孩学会和别人沟通，就是为了让女孩对人或事判断得更加准确，让她从交流中得出自己的观点。

一天，在课堂上，哲学家苏格拉底站在讲台上，手中拿着一个苹果，对所有的同学说："请大家仔细地闻一闻，你们闻到现在的空气中有什么气味？"

这时，一位学生举起手回答道："我闻到了苹果的香味。"苏格拉底又走下讲台，举起手中的苹果慢慢地从每一个同学面前走过，并问道："同学们再仔细闻一闻，空气中到底是不是苹果的香味？"

此时，一半的学生都举起了手。苏格拉底又走回讲台，再次重复了刚才的问题。这一次，除了一名学生没有举手外，其他的学生全都将手举了起来。苏格拉底走到这位没举手的同学面前，问："你难道真的没有闻到什么气味吗？"那个学生肯定地说："我的确什么气味也没有闻到！"听罢，苏格拉底对着同学们大声地宣布："他是对的，因为我手中的这个只是一个假苹果。"

这位没有闻到气味又敢于说出自己观点的学生就是后来大名鼎鼎的哲学家柏拉图。

放开手，女孩才能拥有自己的观点

许多父母都很宠爱自己的女儿，将她捧为掌上明珠，基本上什么事情都不让她自己去做，但是，女儿终究要长大，父母们不能代替她去成长，要去相信女孩，学会放手，并在日常的生活中多给她一些体验与锻炼自己的机会，这样她才能够学着独立，学着判断，学着拥有自己的观点。

女孩拥有自己的交往圈子也十分重要。父母要在适当的时候放手，让女孩单独和不同年龄的女孩一起玩。跟大女孩玩，能让她学会遵守规则；而跟小女孩玩，可以让她学会照顾他人。等到她交到几个好朋友之后，胆子自然而然就大了。当然，女孩在玩的时候往往会出现一些小"纠纷"，父母最好不要插手，让她试着自己去解决，这样才能更好地让女孩独立，让女孩自己去学会为人处世，从小事中培养自我的主见。

让女孩在游戏和快乐中成长

玩具是女孩的天使，玩耍是孩子的天性，而玩具不仅能够满足女孩爱玩的天性，还有助于女孩培养健康的心理与良好的智能。

女孩相对来说比较安静、胆小，为了提升她的身体和心理素质，父母们的辅导是必不可少的。经常送她一些玩具，不但可以让她在玩的过程中充分体现天性，还能让她逐渐地增加胆量、提高智能。

女孩眼中的游戏就是生活

瑶瑶是家中的独生女，现在在美国上中学。一天，瑶瑶从学校抱回一个金发碧眼货真价实的"洋娃娃"，并且，这个娃娃还拥有现实中女孩的整套装备，像小衣服、奶瓶、小鞋子、睡篮、尿布等，什么都具备了。一开始，妈妈觉得很奇怪：瑶瑶都上初一了，学校怎么还让这么大的学生玩娃娃呢？没过多长时间，妈妈便发现，这个洋娃娃真不是个"好玩"的玩具，在它的体内装置了电脑程序，每过几个小时，这个娃娃就会大声哭闹，要么就是饿了，要么就是该换尿布了。只要娃娃开始哭闹，就必须马上查看，如果当"妈妈"的偷一点懒，娃娃就会不停地哭，就算是在半夜，娃娃也还是按照预先设定的程序到点就会哭闹，搅得全家一晚上都不得安宁。

妈妈建议瑶瑶将娃娃放到车库或是地下室，这样即使娃娃闹也不会打扰到瑶瑶，但瑶瑶说："这是虐待娃娃，这个娃娃每次哭闹，都必须得到妥善的照顾，这些在娃娃体内的电脑程序中都会留下记录。如果娃娃被'虐待'得多了，她还会'休克'甚至是'死亡'。我才不要对她不闻不问呢！"

就这样，那天晚上，瑶瑶被这个娃娃闹得狼狈不堪，筋疲力尽。

第二天回到学校，她做的第一件事就是赶快把这个娃娃还给了老师，大有"一朝被蛇咬十年怕井绳"的样子。

这就是美国中学为初中一年级的学生开设的一门选修课，就像我们所说的家政教育一样，内容就是"怎样照顾婴儿"。

送什么样的玩具给女孩

父母们都想送一些有意义的小礼物给女孩，但又不知道哪种礼物最适合她。比如套塔、套碗、套环这类的玩具，从小到大的套叠，有助于女孩了解"序"的概念；像一些拼插玩具、镶嵌玩具、拼图玩具等，这一类的玩具有利于女孩的图像思维和创造构思的培养；而成套的儿歌、画书、立体图像、木偶童谣，可以培养女孩听、说、写等能力。

在日常生活中，玩具的种类有很多，功能也各有不同，不同类型的玩具对女孩的影响和作用也不同。在选择玩具时，父母们要注意买那些无毒、耐玩、色彩鲜艳、易于清洗、无乱线头、做工精细的玩具，并且保证玩具上的眼睛、小扣子和装饰的小串珠等不会脱落。最好还是送女孩最简单、最普通、最便宜的玩具，如积木、皮球、白纸、蜡笔、七巧板、布娃娃、长毛熊等。

想象力，为女孩插上梦想的翅膀

女孩在慢慢成长的过程中，父母们都希望她将来富有创意，可以拥有自己的一些研究、自己创造一些技巧及方法。很多父母不知道该如何培养女孩的想象力，该怎样教导她有步骤地去研究那些新鲜的创意，实际上，就像让她去观察地上的影子为什么在一天内随着时间变换方向一样，在日常生活中多多观察，这就是一种教导她研究的方法。

女孩都有很强的好奇心，喜欢这儿摸摸，那儿碰碰。父母怕她把东西弄坏，就经常制止女孩这些行为，女孩在父母的限制中便慢慢变得循规蹈矩了。

大量观察有助于激发女孩的想象力

人是以自己头脑中的形象为基础而进行想象的，头脑中的形象是通过广泛接触与大量观察事物而获得的，而不善于观察、孤陋寡闻者，头脑中的形象就会少且单一，缺乏想象力。所以，父母要有意识地在女孩还小的时候，就让她去多观察、多体验，并引导她如何去更加深刻地观察，让她的头脑中逐渐地累积大量形象。

莉莉今年刚上小学三年级，她每天都要从家走路去上学。

一天早上，天气渐渐变坏，天空中的云层逐渐变厚，到了下午，更是吹起了大风，不一会儿就开始雷电交加，下起了倾盆大雨。

妈妈很担心莉莉会害怕雷鸣，担心她被雷打到，于是赶紧开车沿着上学的路线去找莉莉。

终于，妈妈找到了莉莉，看到她一个人走在街上，每次闪电时，莉莉都会停下脚步，抬起头向上看，并露出微笑。妈妈很诧异地看了许久，终于忍不住叫住了女儿。

妈妈问她："你这是在做什么啊？"

莉莉笑着说道："上帝刚才在为我照相，所以我要冲他笑啊！"

为女孩的想象力插上翅膀

想象力要以尊重客观存在的事物为基础，父母们要引导女孩在尽量充分的事实的基础上进行想象，但是也不禁止她想象到月球上开矿，或是把所有人类移民到别的星球上去延续地球的文明，当然不能提倡她想象太危险的事情。

阅读也是激发女孩想象力的好办法，女孩在上小学后，就能够自己阅读。让女孩只靠听别人讲故事是不行的，通过自己进行阅读，会让她主动地进行想象。因此，只要女孩可以独立阅读，父母就要指导她进行阅读，并且要多给她买一些书，为女孩的大量阅读提供有利的条件。

女孩具有很强的语言天赋，但是生性胆小的女孩总是不敢表达，所以父母们要经常地鼓励她，让她得到自信，这样，当女孩想象出一些事物时就能够表达出来，再加上她那傲人的语言天赋，就会将所想象的事物诉说得更加完美。

让女孩独立思考，永远别给她标准答案

日常生活中，我们经常会听到父母们抱怨自己的女儿不爱动脑筋，懒得去思考。那么各位父母有没有问过自己，在女孩成长的过程中给她提供独立思考的机会了吗？想必大多数父母不能确定，那么就好好地反省一下自己，看看究竟是哪个环节出错了，及时地改正，这样才能将女孩培养成善于独立思考的人。

思考就像播种，而行动就像果实，播的种越多，收获也就越多。如果女孩善于独立思考，就能体会到金秋时节大丰收的喜悦，能够享受累累硕果。伟大的物理学家爱因斯坦曾经说过："学会独立思考和独立判断比获得知识更重要。"他还说过："不下决心培养思考习惯的人，便失去了生活的最大乐趣。"父母要培养女孩独立思考的习惯，逐渐地让她认清这个世界，体味生活的道理，自己思考未来的人生。

引导女孩独立思考

当女孩提出问题时，父母应给予充分的尊重，并夸奖女孩肯动脑筋思考问题。这样，女孩的自信心就会提高，就会经常动脑思考，随着她提出的问题越来越多，她的思考也会越来越全面，从而得以提升独立思考的能力。

孔子曾说："学而不思则罔。"这句话充分说明了思考与学习的关系，强调了思考的重要性。纵观历史，就会发现几乎所有科学人才都拥有强烈的超出常人的好奇心，像牛顿、居里夫人、达尔文等，他们都是从小就有着相当强烈的好奇心。当女孩发现更多的事物，头脑中有更多疑问时，她就会一直问为什么，如果父母能够正确引导，不压制她的好奇心，那么她的求知欲就会变得越来越旺。父母要知道，女孩的好奇正是探究新奇事物的开始，也是引发她独立思考的开始。

为女孩创造独立思考的机会

很多父母习惯事事为女孩做决定，很少去征求女孩自己的意见。只要女孩不按照父母说的做，就会对她大加责备。其实女孩也有自己的想法，父母应该在任何时候都问问女孩的想法，让她去表达自己的意见，为她创造自主思考的机会。父母不妨改变一下命令式的语气，将其变为启发式语气，如："你认为这件事应该怎样做才能更好呢？""你可以想出比这更好的方法吗？"类似这样的表达方式，会让女孩感到父母对自己的尊重，从而引发她进行独立思考的意识。

父母在与女孩沟通交谈中，要用平和的语气进行对话，要进行讨论式的协商，留给女孩自己思考的机会，让女孩说出自己的想法。父母可以根据交谈的内容对她提出问题，如："这两者又有什么样的关系呢？""你认为怎么做才会更好呢？""你的这种想法有什么根据？"等等。这类问题都会逐步启发女孩，逐渐地诱导她展开思考。当女孩在思考问题时，父母们不要过于心急，应该给她足够的思考时间，循序渐进地诱导，千万不要轻易地将答案告诉她。如果女孩答错了，可以通过类似的问题去帮助她思考，从而启发她去自己发现并纠正错误。

不要用"懂事""乖巧"等词语束缚女孩

常言道："淘丫头出巧，淘小子出好"，"淘气"也是女孩聪明、富有想象力和创造力的一种表现。作为父母，应该维护女孩的这份"淘气"，更要欣赏女孩的"淘气"，最好和女孩一起淘气，这样才能让女孩更好地在淘气中学习、进步。

在大多数父母的眼中，淘气的女孩是好争斗、不听话、叫人头疼的女孩，但是淘气也表明了她是一个性格活泼、求知欲强的女孩，不听话恰恰说明了她很有主见，好争斗正是因为她有进取心。虽然这些主见多带有主观和幼稚的倾向，进取心也带有逞强与虚荣的成分，但父母也不能因为这些就忽略了她在淘气中所表现出来的闪光点。

父母应适当鼓励淘气的女孩

所有的女孩都很淘气，只是淘气的程度不同。那些看起来像是挑战或是不听话的举动，正是女孩聪明的表现，虽然父母经常为此十分恼火，但父母一定要走出"听话就是好女孩"的误区。过分听话的女孩往往缺乏独立性，父母千万不要认为那些不仅学习成绩好还听话守纪律的女孩就是聪明的女孩，不要忽略对她的创造力及潜能的开发与培养。其实女孩的天性也是顽皮的，这是任何一个女孩生理及心理发展到一定程度而必然出现的现象。顽皮的女孩都比较聪明，毅力比较坚强，都有个人主见，父母只要善于引导这些淘气的女孩，就有可能使她成为一个极具创造力的人。

面对淘气的女孩，父母们不要感到十分生气或难过，一定要给予她更多赏识与鼓励。父母要善于从女孩的淘气中观察到她的创造性、想象力和求知欲，然后再通过赏识与鼓励，让女孩在淘气中获取知识、掌握做事的方法，进而获得更多的体验。

淘气是女孩对事物的探索

父母们要知道，不论你的女儿表现得有多糟糕，不要认为她的所作所为是在浪费时间，其实她有自己的成长空间，有自己的探索目的，这也是她为自己创造的学习的机会，这些绝不能让任何人随意剥夺；女孩是独立的生命个体，如果父母真的关心她的学习与发展，就必须花时间与她在一起，并走进她的世界，要试着去了解她真正的想法，在明白她的行为后，再陪着女孩一起去摸索、去成长、去学习，而不是随意地干涉介入。

只有发掘和利用女孩智慧的潜能，才可以帮助她自己走出忧愁和苦闷的泥潭，去战胜人生道路上的重重困难与阻碍，做父母的更应该尽量发掘女孩身上的智慧，开发她的潜能。外人难以看出一堆其貌不扬的石头有什么特别的地方，但久经磨炼、眼光独到的珠宝商人就能一眼看出这些是价值百万的精美珠宝。所以，父母要像珠宝商人认识他们的宝石一样了解自己的女孩。

发散女孩的思维，不让她的思维僵化

　　发散性思维是指通过各种角度去思考探究问题，寻找不同方法来解决问题的思维，又叫作扩散性思维、辐射性思维、求异思维。发散性思维就是让人充分发挥想象力，突破最开始所熟悉的知识，通过想到的一点扩展到很多点，并用自己的知识与观念重新进行组合，从而寻找到更多更新颖的想法、答案或方法。

　　从小便培养女孩的发散性思维，有助于女孩今后更好地学习知识，并且能提高女孩的办事能力。

让女孩自由地想象

　　父母可以通过给女孩创造一个有趣、轻松、愉快的游戏环境，从中引发她开动脑筋进行思考的兴趣，并给她自己动手操作的机会，让她经常处在一个积极活动的状态中，在游戏中帮助女孩形成一个发散性思维的好习惯。

　　楠楠的家中用清水养了一盘大蒜，并且长出了葱绿的蒜苗。
　　楠楠问："妈妈，要是把蒜苗剪了还会长出新的来吗？"

妈妈说："这个和韭菜一样，可以剪了长，长了又可以剪。"

"楠楠能从蒜苗想到其他的什么吗？"妈妈又问道。

楠楠想了想，兴奋地说道："我想到了头发、狗毛，对了！还有旺盛的生命力。我还想到了一句诗'野火烧不尽，春风吹又生'。"

"你一下子说了三个，我才只说了一个，我得再好好想想……"妈妈故意羡慕地说。

楠楠又抢着说："我还想到了坚持不懈，不服输。"

"蒜苗能一直不放弃地向上生长，坚持不懈。被别人割了还不服气，偏偏就是要再长出来，就是要长得更高，谁也不能压制住它。"楠楠又接着说道。

"对。楠楠说得很正确。做人也要具备这种精神。"妈妈欣慰地说道。

培养女孩的发散性思维

成人对很多事物的变化都已习以为常，不会再去对那些自己熟悉的事物进行仔细的推敲，这样就造成了很多思维上的定式，甚至坚持一些错误的思想。其实，真正的强者就是克服了这种生活习惯上和思维上的定式。像那个冒着生命危险做研究，才发明了避雷针的富兰克林，那个顶着亚里士多德传统理论的巨大压力而去证实"两个铁球同时落地"的伽利略。父母们要知道，在教育女孩的过程中一定要摒弃以传统的角度或方法看待事物的习惯，让女孩用积极的心态去认识并获得一个不一样的世界，培养发散性思维。

曾经有人做过这样的一个试验：在黑板上画一个圆圈，并问在座的学生这个是什么。其中大学生都一致回答："这是一个圆。"而幼儿园的小朋友们却说出了各种各样的不同的答案，有的说是太阳、有的说是皮球、有的说是镜子……也许大学生所回答的答案更加符合规范，但是与幼儿园的小朋友比起来，他们的答案是不是太单调死板了呢？

父母们可以通过对女孩联想能力的训练，锻炼她的发散思维。父母若是能够经常引导女孩从事物中获得启示或感悟，就能提高她在写作文时的思想认识，从而深化作文的主题。让你的女孩通过更多的想象去获得更多的知识，拓宽她的知识面，能让她在今后的学习生活中更加游刃有余。

Part 02
第二章

积极心态，
不要让女孩输在心态上

华盛顿曾经说过："一切的和谐与平衡，健康与美丽，成功与幸福，都是由积极乐观的心态产生的。"一个人之所以能够取得成功，就是因为他们热爱生命，热爱生活，拥有一种乐观的心态，一种积极向上的精神。每个父母都希望自己的女儿能够出类拔萃，能够有所作为，这就需要她有目标，有理想，不怕面对失败，能够承受挫折。为此，父母们就要注意女孩的心态，只有有了一颗积极向上的心，女孩才能更加坦然地去面对一切。

教会女孩积极应对生活中的变化

　　父母所创造的良好的环境有助于女孩养成积极乐观的性格。著名的心理学家法迪斯曾经说过："在女孩学会语言之前，他们是从感情的氛围中得出自己的结论的 —— 这个世界是一个令人忧虑、愤怒的监狱，或者是一个安全、愉快的乐园。"这就是说，一个幸福的家庭中培养出具有乐观性格女孩的概率比较大，而不幸家庭中长大的女孩则通常比较悲观。

　　很多父母们经常发现，一些只有五六岁的女孩，神情很忧郁，怕说话，很怕陌生人，怕做错事。在学校里，热闹的地方都不会出现她的身影，在家中不和父母沟通，只喜欢待在自己的小房间里。这样的女孩在长大之后很可能十分忧郁，并极有可能成为悲观主义者；相反，活泼可爱的女孩通常都比较乐观，并且思维十分活跃，将来很有可能是幸福家庭的组织者，事业上的成功者。

父母的性格影响着女孩的性格

　　乐观的性格可以通过后天培养而成，而培养乐观性格的关键在于父母所采取的方式。女孩从小就会模仿父母的行为，并将父母的优缺点一同学习。父母的性格会影响女孩的性格，倘若父母就是悲观主义者，那么女孩就会受到影响，并会以悲观的情绪去思考问题；如果父母希望自己的女孩养成积极乐观的性格，那么父母就必须首先改变自己，让自己的思想与行为方式变得积极乐观。

芳芳是个小模特，虽然只有6岁，但看起来非常老练沉着。一日，她提前15分钟来到拍模特照片的地方。在给她介绍新的摄影师时，对方还没有来得及开口，她便说："知道吗？上次去迪斯尼乐园，每匹马都让我骑了两遍。"

"很不错。"摄影师边调试着镜头边回答，"你现在要坐下，我们要开始调灯光了"。

"你知道吗？"芳芳一边摆好姿势，一边又接着说，"我从4岁起就开始当模特。当时我的姐姐莎莎就是模特，我看着她当模特，自己也想当模特，可就是不敢。可我的妈妈对我说：'相信你自己，只要你自信一点、乐观一点，你一定会成功。'所以我现在就做起了模特，可是莎莎却不干了。"

"哦？"这位话多的小女孩吸引住了摄影师，同时摄影师也对她的母亲产生了敬意，便问道，"你喜欢做模特吗？"

"我简直太喜欢了！去国外玩时，妈妈带着我去参观过一次演出。那次我被介绍给了许多人，他们都给我拍照。我想我一定会成为一个真正的大明星的。"

正是因为受到了妈妈的鼓励，芳芳才自信、乐观地向着自己的目标去努力，并且最终获得了成功。父母们要知道，对于女孩来说，从小就培养她乐观向上的性格是十分必要的，同时，父母若是能够以身作则，对女孩的影响会更大。

父母的爱是女孩积极、乐观的前提

从小便没有与父母有感情依恋的体验的女孩，她在长大后也同样不会用爱和同情去对待他人，她会慢慢养成一种冷漠无情的性格，很少快乐，并且很难与他人相处。所以，不论父母的工作有多繁忙，都要抽出时间来陪女孩，让女孩感受到父母的爱，从而更加积极乐观。著名教育学家塞利格曼指出："父母教育孩子的方式正确与否，显著地影响着孩子日后性格是乐观还是悲观。"因此，作为父母，一定要积极营造一个乐观和谐的家庭氛围，让孩子在乐观中逐渐找到生活的自信。

制定一个目标，并积极地走下去

目标是人生的灯塔，做事若是没有目标只能失败，人生没有目标就只能碌碌无为地虚度一生。因此，在做任何事之前都要先制定好自己的目标，了解自己究竟想要什么，明确自己的前进方向，并向着这个目标坚持不懈地努力，只有这样才能获得成功。

女孩的心理随着年龄的增长而不断成熟，在不同的阶段会出现不同的特点。7～10岁的女孩会进入人格的形成期，这段时期尤为重要。人格的形成主要表现为女孩已经成为一个完全独立的人。这期间，父母在教育女孩的过程中，必须尊重女孩的人格，并帮助她保持健康向上的心态。

良好的心态与性格让女孩更加坚定

"教育就是习惯的养成。"这是教育家叶圣陶先生所说的话。"播种行为，收获习惯；播种习惯，收获性格；播种性格，收获命运。"女孩能否朝着自己所制定的目标走下去，能否得到成功，拥有一种良好的心态与性格也是关键。

很多女孩在遇到困难后就会退缩，或是寻求父母的帮助，但是，父母们要知道，你们不能代替女孩长大，只有让她亲身去体会、去经历，才能让她真正感受到成功的喜悦，让她在遇到挫折后能坚持不懈地继续朝着目标前进，让她在今后的生活中能够拥有良好的心态。

奋斗目标不应该好高骛远

女孩在制定目标时不能太笼统，一定要明确、具体，所指定的目标还要适度，自己可以承受。此外，目标还要有一定的困难，具有一定的挑战性，不要制定一些遥不可及的目标，这样会使自己的压力很大。

想要做个有成就的人，就必须要知道自己想要有什么样的成就，要不然就会像在太平洋中没有指南针的船一样，只能一会儿向东，一会儿向西，随风四处飘荡，最后总是到达不了自己的目的地。为自己制定实际的目标并按照目标来执行计划，这是唯一可以超越别人的可行途径。

任何科学的奋斗目标都是以现实的可行性为依据，它应该符合自己的实际情况，不能超出个人的实际。每个人都想当冠军，当发明家，当科学家……但是，这些奋斗目标并不是每一个人都能实现的，所以，所制定的奋斗目标还是实际一点为好。

培养女孩的上进心

对于女孩来说，上进心不仅仅是一种良好的心态，更是一种促使她前进的动力，而这种上进心只有独立性很强的人才有，温室中的花朵永远不会为了生活和理想而担心。驱动女孩面对生活的强大引擎就是目标，而支撑生活的必备武器就是信念。只要拥有了目标与信念，就会让女孩更加坚定地一直走下去。

现在的生活环境越来越优裕，而女孩却失去了"身在苦中不知苦，面对困难不觉难"的素质，父母一定要为女孩的将来着想，要让女孩在小的时候就学会面对挫折，经历磨难，接受惩罚。这对女孩之后的成长是一笔巨大的财富。不要让女孩在说教中长大，而是要让她在行动中成长。

让失败了的女孩再尝试一次

常言道："失败乃成功之母。"要想使女孩更好地成长，更好地磨炼女孩的意志与毅力，最好的办法就是让她自己去面对生活中所遇到的各种逆境。面对困难，有的女孩能在困境面前自我激励、知难而进；有的女孩却容易被这小小的挫折吓倒，自动放弃，最后一事无成。

父母们都知道，人的一生中会遇到很多挫折，女孩虽然还比较小，但当她遇到挫折或失败时，心中还是会留下阴影，这时就需要父母来安慰她、鼓励她。父母不要太看重女孩的成败，更不要在她失败的时候去责骂她，这样会让她更加害怕去尝试，害怕面对失败。

告诉女孩，失败是成功之母

由于女孩的思想比男孩更加感性，所以在面对失败时会更加伤心，不愿再次尝试，害怕再次失败，所以就需要父母对女孩进行正确的引导，让女孩走出失败的阴影，不要让失败毁灭了女孩的理想与信念。要告诉女孩现在的失败不代表永远的失败，不要被以前的失败蒙住双眼，只有坚持下去，一直努力，才会走向成功。

其实，经历越多的挫折，就越接近成功。就像爱迪生发明电灯时，做了很多次实验都没有成功，有人就泄气地对爱迪生说："放弃吧，不会成功的。"爱迪生却说："我已经证明那些材料不行了，我相信我很快就会找到合适的材料。"最后，爱迪生终于找到了适合做灯丝的材料，最终发明了电灯。

文文今年已经五年级了，一天，她拿回一张得了 83.5 分的语文测试卷子。文文懊恼地说："真丢人，这已经是我上学以来第二次考 80 多分了，怎么回事啊……"

爸爸笑着说："女儿真了不起，居然能记得这么清楚。过来，让爸爸看看，分析一下到底是不会还是粗心。"

文文垂头丧气地说："后面的阅读理解错了好多，还写错了两个字，扣分扣得真冤啊。"

"没有关系，能知道问题出在哪里就好，考试的目的无非就是要找出自己的问题，分数其实并没有那么重要，你看你的卷面很整齐，老师不是前几天还表扬你的字迹工整吗？字写错了不要紧，只要改正了就行，再看看这篇短文，它的中心思想你概括得不太好，其实作者想要表达的意思是这样的……"

分析完了这张卷子，爸爸又问女儿："还记不记得上次考 80 多分是什么时候啊？我怎么都没有印象了。以后不要管所得的分数，分数高也并不代表这些东西你全会了，说不定考的正好是你会的内容而已。一次两次的低分也没有关系，只要发现问题就是好事啊。"

鼓起女孩心中的斗志，再次向目标出发

由于女孩天性比较多愁善感，容易沉浸在失败的痛苦中，很难再次鼓起斗志、集中精力去思考如何进行下一步的努力，最后如何取得成功。一个拳击运动员曾说："当你的左眼被打伤后，只要将右眼睁大，就能看清敌人，这样才会有还手的机会。如果你将右眼也闭上，那么挨拳的就不只是你的右眼，恐怕连命都难保！"这就是竞争激烈的拳击，不论遇上什么样的对手，都不能闭上眼睛，否则就一定会失败得更惨。想想看，人生不也是这个样子吗？

积极的心态是实现梦想的奠基石

　　想让女孩充满自信，就必须让女孩有一个积极的心态；想让女孩可以从不同的方面思考问题，首先必须创造一个自由宽松的思想环境。让女孩学会客观地看待问题是关键，具有一定的幽默感也很重要。女孩有了积极心态，那么她的心智会更加健全，为人也会变得幽默起来。

　　父母不管做什么事情，首先都必须了解女孩的心理特点。把她点滴的成功和进步抓住，鼓励赞赏她做出的努力。女孩得到了鼓励就等于获得了积极的情感，做起事来就会有自信。积极的性格，必须通过一次次的成功获得。

积极的心态很重要

　　原本每个女孩都是充满自信的，这种积极的心态是天生的财富。可女孩需要走出家门，需要走向学校和社会，需要接触不同的人。在各种困难挫折面前，一朵朵太阳下的向日葵内心也会留下阴影。女孩的心思总是很细腻，若是心态不积极，对她的学习往往会造成很大的影响，更为可怕的是，由于女孩天生的感性心理，挫折带来的阴影往往会使其形成不良的人生观，对女孩未来成才和终身幸福造成影响。

积极的心态是女孩面对一切困难的动力

冰冻三尺非一日之寒，养成积极的心态也同样如此。在女孩成长的道路上，遇到挫折在所难免，若是长期打击，女孩肯定会变得消极起来，大环境没有办法改变，因此父母所需要做的就是日复一日地引导，传递乐观的态度和适时地鼓励，这样才可以让女孩拥有积极的心态。

父母应该对失败的价值有所肯定，失败可以磨砺人的意志、丰富人的经验、启迪人的思想。当然，一个人能否从失败中获取经验，能否踩着失败获得成功，关键就在于这个人是否拥有积极的心态。就像著名成功学家拿破仑·希尔所说："对于那些心态积极的人来说，每一次失败都隐含着等量或更大的利益种子……"恐惧失败的人不可能获得成功。因此，父母不可以见不得女孩失败，女孩一失败就去批评、责备很不可取。相反要鼓励，鼓励可以使胆小的女孩再行动、再尝试，只要女孩不放弃，就一定可以获得成功。

总之，积极心态是一种可以改变女孩一生的强大力量，父母必须将其摆在一个重要的位置对女孩进行培养。女孩的主流心态变成积极心态以后，就等于给女孩提供了无价之宝，给了她终身取之不尽、用之不竭的精神财富。

让女孩做个快乐的智者

华盛顿说过："一切的和谐与平衡，健康与美丽，成功与幸福，都是由乐观与希望的向上心理产生与造成的。"乐观地面对人生并快乐地生活，是我们经常挂在嘴边的一个话题。而对于父母们来说，保持乐观的心态对女孩的成长很重要。

其实，女孩也生活在复杂的环境中，心理接受能力的强弱决定了她在遇事时乐观或悲观的态度。由于女孩比男孩更加感性，所以长期的自卑会让女孩精神脆弱，她会整日杞人忧天，忧心忡忡，并且对学习渐渐失去信心。

让女孩快乐地成长

女孩天性胆小，很多东西不敢去尝试，当父母碰到这种情况时，不要强迫女孩，更不要责骂女孩，一定要让女孩渐渐地去适应，让女孩放心去做，这样才会让她感到快乐，让她觉得其实这些事物并没有那么可怕。

父母的态度也决定着女孩是否乐观。父母有没有注意过这种情况，当女孩兴冲冲地跑到父母的面前炫耀自己的小成就时，很多父母都不予理会，或者认为她是在"瞎忙活"，对她大声呵斥。这种做法其实也是在扼杀女孩的兴趣，会让她觉得自己的兴趣不被父母认同，从而慢慢对其他的事情都丧失兴趣。其实，女孩想要的很简单，就是希望得到父母的肯定与鼓励。

父母的言行影响着女孩心态

毛主席曾经说过："一张白纸，没有负担，好写最新最美的文字，好画最新最美的图画！"那么父母们也好好地想一想，幼年时期的女孩是不是也如一张白纸一样呢？父母是女孩的第一位老师，也是永远的老师，所以，女孩的心理发展在很大程度上是由父母的心理素质、教养方式等因素决定的。有些父母总是说女孩这里不好那里不好，其实这都是由父母的病态心理所造成的结果。

积极的父母可以促使女孩乐观积极、奋发向上，反之，消极的父母也会让女孩变得消沉、忧郁、萎靡。父母在培养和教育女孩时一定要以身作则，引导女孩拥有一颗乐观、快乐的心，让她成为一个开朗的女孩。

让女孩用乐观的心态看待人生

父母有责任引导并教育女孩要用乐观、积极的态度去面对一切，不仅需要用各种生动的事例让女孩明白，也需要父母自身用平静的心态去对待一切，做到"不以物喜，不以己悲"，尽量消除女孩心中各种消极负面的影响。

父母要教育女孩学会乐观地面对人生，不仅要经常与女孩交流、多培养女孩的自信心，更重要的是要相信自己的女儿，给予她鼓励和支持，并引导、帮助她去克服一些自己克服不了的困难。只有这样，才能让女孩保持乐观的态度。同样，父母在努力营造乐观氛围时，还要注意一些消极的心理现象，不要让它对女孩产生负面的影响。

拥有一颗宽容的心，让女孩更加美丽

著名法国作家雨果曾说过："世界上最广阔的是天空，比天空更广阔的是胸怀。"宽容不仅是人的一种品质，一种美德，更是做人的一种艺术，可以使人的心灵有回旋的余地，可以使人性情和蔼，还可以消除人与人之间无谓的矛盾。

从古至今，凡是心胸开阔的人都大有作为。心胸宽阔的人更加容忍他人，不计较个人功名，能时刻拥有好的心情，更能摆脱凡俗尘世的牵绊，专心于自己的事业。由于现在的社会复杂，女孩所吸收的信息量越来越大，会接触到不同的人，所以更需要学会宽容。

让女孩在解决矛盾中学习宽容

父母们都知道，女孩在与别人交往的过程中，经常会遇到一些小的冲突和矛盾，有的父母会大加干涉。而对女孩来讲，这种矛盾与冲突恰恰能促使她逐渐地了解相处之间的学问，能让她知道蛮横、不讲理、任性和霸道在社会上行不通，并会让她在自我解决的矛盾中学会妥善地处理问题，学会待人待事都更加宽容。

一日在校园里，陶行知看到一名学生王友正在用泥巴砸自己班上的男同学，便马上制止了他，并告诉他在放学后去校长室。

放学后，王友早早地来到校长室门口。过了一会儿，陶行知便走了过来，一看到王友，就给他一颗糖果，并说："这个是奖给你准时来了，但我却迟到了。"

王友惊讶地接过糖果，直勾勾地看着陶行知。而陶行知又给了王友一颗糖果，说道："这颗糖果是奖励你当我不让你再打人时你就立即住手，这说明你很尊重我，所以应该奖励你。"

王友更加惊愕了，他已经完全不知道校长到底想干什么了。

这时，陶行知又给王友一颗糖果说："我已经调查了，你之所以用泥巴砸那些男生，是由于他们不守游戏规则，还欺负其他的女生。你用泥巴砸他们说明你很善良、具有正义感，并且具有跟坏人做斗争的勇气，所以应该得到奖励。"

王友听了非常激动，他失声叫道："校长，你惩罚我吧，我打的不是坏人，而是我自己的同学呀！"

陶行知听后满意地笑了，并又给王友一颗糖果，说："你能正确地认识到自己的错误，更值得奖励。好了，我已经没有糖果了，现在你也可以回去了。"

从小就要教导女孩换位思考

由于现在的家中都是独生子女，尤其是家中就一个女孩时，父母就会更加娇惯，因此导致这些女孩常以自我为中心，从不会为别人着想。每次与别的女孩发生抢东西的纠纷时，都会说："妈妈，我就是想要啊。"这就是现在的女孩极为常见的一种通病，父母在碰到这种情况的时候，就要引导女孩进行换位思考。让她设想一下，假如被抢玩具的是你自己，你心里的感觉会是什么样子，引导女孩去体会那种痛苦的感受。像这样考虑的次数多了，就会提高女孩处理生活中问题的水平，就会容易化解这些矛盾，让女孩学会宽容。

父母一定要让女孩知道，每个人都有缺点，而有的缺点是人性的必然，与同伴相处时，不要去责备他人，只要不是危害他人的品质方面的问题，就应宽容和理解。当然，还要让女孩知道宽容并不是盲从，不是人云亦云，一定要让女孩在明辨是非之后再对同伴进行宽容与退让。

让女孩从生活中学会感恩

感恩是一种知恩图报的态度和积极向上的心态。当一个人知道感恩、懂得感恩时，就会将感恩变成行动，在生活中实践。人会因为感恩而感到无比快乐，而一颗感恩的心，就像是一粒和平的种子，是人在相互接触时和谐的因子。

著名的意大利教育家米契斯曾说："教育没有情爱，就成了无水之地，任你方形也罢，圆形也罢，总逃不了一个空虚。"让女孩在爱的氛围里得到感动，在爱的熏陶中逐渐感化，并在爱的包围下受到感染，让她懂得去用爱来感恩自己的父母、感恩自己的老师，并感恩所有帮助过自己的人。女孩懂得感恩对女孩的发展有着重要的意义，所以，父母更要重视女孩的感恩教育。

父母要教会女孩感恩

家长们都很宠爱孩子，尤其对女孩，更是将她宠上了天，可有些父母发现，当自己将全部的爱都无私奉献给女孩时，得到的却是女儿冷漠的态度，这让每一位父母既心痛又心寒，为什么女儿会变成这样呢？因为现在的女孩常常将父母给她无微不至的爱当作天经地义，什么事都以自我为中心，不懂得体谅他人，更不知道如何感恩，例如妈妈不小心摔倒在地上时，女孩不但不关心，反而在一旁大笑；当妈妈生病卧床时，女孩不但不去照顾，还抱怨妈妈不带自己出去玩……种种冷漠让父母们不由得心寒。

其实，父母们也需要自我反省一下。父母们一定要明白，对女儿的爱也要有讲究，不要一味地"不求回报"，也要让她从中学到用爱的方式去对待他人。学会爱别人是女孩健康成长、适应社会的必修课，而去爱别人的前提就是拥有一颗感恩的心。因此，教会女孩感恩，也是父母对女孩爱的一种体现。

在点滴生活中学会感恩

生活中有很多值得感激的事情，父母要让女孩发现这些事情，并让她时刻怀着感恩的心，以同样的方式去对待他人。例如一次女孩坐车时忘了带钱，一位好心的阿姨就为女孩掏钱买了一张票。当女孩说起这件事情的时候，父母就要告诉女孩，那位好心的阿姨替你补票，这就是一种乐于助人的表现，不要认为别人就应该这么做，一定要感谢他人为我们所做的好事。父母一定要让女孩感受到这平凡中的美丽，让女孩自己去发现生活中善意的点滴，并让她从中学会如何去善待他人，怀着一颗感恩的心。

父母们要知道，让女孩学会"感恩"，就是为了让她对帮助过自己的人时时怀有感激之心，并学会尊重他人。当女孩感激他人的善行时，就会让女孩获得一种心理暗示，让她从小就知道爱别人、帮助别人。

让女孩热情地面对人生

　　成功人士都是热爱生命，热爱生活的，对事业和工作充满了像火一样的热情。而成功者的基本素质之一就是充满热情。热情使人坚定自己的信念，热情是追求梦想的动力，而这种动力是能量最澎湃、最猛烈的，也是各种情感因素里，最活跃、最积极、最具有生命力的因素。

　　在日常生活中，女孩会对很多事情留下深刻的印象，每当提起这些事情的时候，她就会很激动，并且对这些方面的信息，记忆力表现得最强，推理能力和发现能力也变得不同一般，这就是由于兴趣的作用。所以，倘若父母们想要激发女孩对生活的热情，就要让女孩去做她自己喜欢的事情。

在乐趣中发现生活的激情

　　父母们要学会发现女孩的兴趣，例如在周末或是节假日时，带着女孩一起去商店、逛公园，要留心女儿对什么商品、书籍、景物等感兴趣。此外，父母还可以跟女儿一起画画、读书、写字、做手工，或是让女孩一同参与修理日用品、做家务等事情，父母就可以在与她一起活动的过程中，观察到女儿的兴趣和爱好。

在女孩学习才艺的过程中，父母一定要给女儿一个积极表现与展示才艺的机会，这对女孩今后更加积极、热情地学习十分重要。例如父母可以用女孩的画来装饰房间，让女孩开一个"个人演奏会"，让女孩尽情地在他人面前展现自己的才艺，这样她在今后的学习中就会更加自信，更加自觉地将其学得更好。

父母要做好榜样

对于女孩而言，不论是增加她的兴趣也好，还是培养她良好的行为也罢，父母都要身体力行去做她最好的榜样，若是父母每天晚上看书或是健身，去做一些有意义的事情，具有良好的生活习惯，那么就会促使女孩也像父母一样。若是父母每天都不做正事，就知道打麻将或是玩牌，那就会影响女孩良好习惯的形成。由此可见，父母的榜样作用必不可少。

把热情当成一种习惯

父母要努力让女孩将热情当做一种习惯，一个永远富有想象力、永远具有创意的人，就会永远对自己所做的事情充满热情，所以，父母们要不断地鼓励女孩做事要充满想象力，要充满热情，不要得过且过，要告诉女孩积极地生活，要以饱满的姿态去面对人生，要对生活富有热情，这样才能做好每一件事，才能获得意想不到的成功。

父母在教育女孩的过程中，要学会发现女孩微小的成就，让她拥有成就感，满足她的自尊心，这样她才能对今后的学习、生活充满热情，对自己的梦想永远保持信心。欣赏和肯定是父母送给女孩最好的礼物，是对女孩潜能开发的最大支持。

不要过多地打击女孩的自信心

著名的美国心理学家塞德尔兹曾说："打击只能使女孩变成一个懦夫，变成一个无能的人。当然，放纵女孩也不是一个明智的做法，但起码能让女孩自由自在。打击却不一样，它能毁掉女孩。"父母们要知道，对女孩而言，最沉重的打击就是贬低和摧毁她的自尊，让她认为自己毫无作用，十分卑微。

对于女孩，尤其是心思细腻的女孩来说，父母的一句话，不论是好是坏，都有可能成为影响她一生的话。因此，就算是在开玩笑，父母也不要对她说一些具有负面影响的话。

打击会在女孩的心中留下阴影

其实，女孩很脆弱，她就像久旱的秧苗，得到鼓励就会蓬勃生长，而那些得不到鼓励，时常受打击的女孩就会变成渴死的枯草。

经常受打击的女孩，特别容易形成胆小、自卑、犹豫不决等负面性格，也许还会产生自闭、自暴自弃的行为。打击影响女孩的健康成长，并会给她带来很多难以想象的不良后果，还会导致她的一生都有挥之不去的心理阴影。因此，父母在教育自己的女儿时一定要注意自己的言行，尽量不要打击她，多给她一些鼓励，这样女孩才能从父母的言传身教中，自信、快乐、健康地成长。

　　父母要善于欣赏自己的女儿，更要学会激励她，欣赏与激励会促使她走向成功，抱怨与责备会导致她的失败。父母们要知道，欣赏会使女孩变得更加完美。教育家陶行知先生曾说过："教育女孩的全部秘密在于相信女孩和解放女孩。"父母们不要恶语相向，打击女孩的信念，要相信女孩，善于发现她的闪光点，并抓住她的亮点与优点，及时地给她鼓励和赞赏，让女孩树立起克服困难的信心与决心。

父母的信任会让女孩更加积极

　　信任拥有一种很强大的力量，它能够让人产生强烈的自信心与责任感，并且能充分发挥自身的潜能，克服重重阻碍，最终能够成功到达顶点。人若获得了信任，就会觉得身后有一股无形的强大的力量在支撑着自己，给自己的精神上带来莫大的安慰。

　　获得信任的女孩总是充满自信，就是由于信任的力量，让女孩觉得"我能行"。若是父母每天早上都要提醒女孩记得带这带那，反而会让她养成丢三落四的习惯。女孩本来就已经具有了自理的能力，父母的这种唠叨与不信任，就会让她失去自信。

　　父母对自己的女儿连这种最基本的信任都没有，还怎样去教育好她呢？那些经常被父母打击的女孩，又怎么能够健康成长呢？父母们要知道，不论在什么年龄段的女孩，只要被父母否定了未来，都会感到沮丧，还有可能因此一直这样消极下去，所以，父母一定要注意自己的言行，要信任自己的女儿，让她对自己有信心，积极地去面对一切。

　　同时，对女孩的信任也是对她的一种尊重。如果父母对女孩说"你一定可以，我相信你"这类肯定的话，就是对女孩价值与能力的肯定。虽然女孩可能还没有意识到这一点，但是她肯定知道自己受到重视了。而这样，就是激励她，让她为了目标更加努力。只要女孩拥有"今后一定会有成就"的希望，就会积极主动地去做事情。

父母的负面情绪会影响女儿的成长

　　父母是女孩心中最大的依靠，父母对生活的态度直接影响女孩的安全感与对生活成长的信心。如果父母经常在女孩的面前抱怨生活，或者表露颓废的情绪，会让女孩过早接触到社会或生活方面所带来的压力，会让女孩的心理产生极度的不安全感，那种对生活的怀疑或者颓废的生活态度就有可能伴随着女孩的成长，让女孩的身心过早地承受本不该承受的压力。

　　很多父母总是一意孤行，不考虑女孩的感受，这很容易在女孩的心里留下阴影，为了让女孩的心理更好地成长发育，在日常生活中，父母一定要特别注意控制自己的情绪。父母的情绪会潜移默化地影响自己的女儿，所以，父母要是想要自己的女儿更优秀，就要学会控制自己的情绪，做好女儿的榜样。

父母的争吵会给女孩带来悲观的心理

　　女孩要是产生了消极悲观的态度，会认为没有人爱护、保护她，就会担心、害怕并怀疑一切事物。因此，很多父母的争吵或是离婚，都会让女孩认为自己对于爸爸妈妈来说不重要，由于自己不可爱爸爸妈妈都不要自己了，会认为爸爸妈妈的争吵是因为自己不好，觉得没有人真的疼爱自己。这种消极的心理一旦在女孩的心中扎了根，她就会不由自主地去找证据，若在一次次寻找中得到的却还是父母的争吵与不顾，就会让女孩更加自卑，更加悲观，导致她以消极的心态去看这个社会。

不要在女孩面前抱怨生活

需要特别提醒父母朋友们，不论你遇到了多大的挫折和困难，为了自己女儿的健康成长，一定不要在她的面前抱怨生活或是表露颓废的情绪。

芸芸今年刚上小学一年级，回家后，她总是一面照着镜子，一面皱着眉头，妈妈发现她这个样子已经很多次了，便问她："芸芸宝贝，为什么你一照镜子就总是皱着眉头呢？"

"我是跟妈妈你学的呀。我平时仔细观察过你照镜子，看见你总是这样皱着眉头，还表现出一脸不满意的样子，好像认为所有人都对自己不满意！"芸芸认真地说。

妈妈十分惊讶，原来芸芸学的是自己，妈妈也是现在才发现原来自己照镜子时总是想着自己这里不好那里不好，导致芸芸也这样，为了让芸芸改掉这个毛病，妈妈说道："芸芸观察得真仔细，你不说妈妈都没有发现，可是芸芸不觉得面对镜子的时候微笑会更好看吗？"说着，妈妈对着镜子微笑起来。

芸芸从镜中看着微笑的妈妈，笑着说道："妈妈笑起来真好看！"

请妈妈们停止善意的唠叨

爱唠叨是女人的天性，尤其是做了妈妈的女人，可是妈妈们也要明白，太过唠叨会影响与女儿之间的关系。妈妈对生活的不满意不仅会恶化母女关系，还会影响女孩对今后生活的态度。倘若妈妈总是抱怨，那么女儿就会在不知不觉中也抱怨。或许妈妈们并没有意识到，但是当女儿开始抱怨同学、抱怨老师、抱怨周围的一切时，她就会对生活产生一种消极的态度。

因此，妈妈们若想要母女关系更加和谐、想要女儿更加健康地成长，就先要学会停止叨唠和抱怨，以一种乐观的心态去面对一切，提高自己对生活的满意度，这样女儿受到了这种积极的影响，就会同妈妈一样以一颗积极的心去对待一切。

远离悲观的情绪，让女孩更加积极乐观

乐观是一种积极向上的生活态度。当女孩学会用乐观的心态去对待生活时，她的未来就会充满灿烂的阳光。豁达乐观也是女孩应该具备的良好品质，父母们应当知道，乐观的女孩比悲观的女孩更容易成功。

当女孩面对失望时，如果她的反应是倒地耍赖，或是放声痛哭，情绪反应非常激烈，那么父母就要让她知道什么可以改变，什么不能改变；再让她知道无理取闹无法带来她想要的东西。但父母一定要注意，不要因为女孩的坏情绪而影响到自己，不要转而再对她施压。

还有一些女孩在面对失望时，不是大哭大叫，而是躲在一旁酝酿生气的情绪。这时就需要父母们帮助她从自己的坏情绪中解脱出来，可以转移她的注意力，比如提示她："我们可以换件事情做，你有什么好主意呢？"这样做能使女孩重新相信自己，并有自信找到解决问题的方法，让她觉得自己有能力将很糟糕的情况变好。

引导女孩走出失落感

当女孩表现得很失落时，父母可以告诉她很理解她的失落感，并安慰她"你觉得失落没有关系，如果是同样的情况下我也一样会感到失落的"，让女孩明白失望很正常，然后再同她一起来讨论解决问题的有效办法。或者让女孩去参与各种不同的活动，直到她找到自己喜欢的活动为止。这种方法通常可以让女孩的情绪从失望中很快走出来，让她认为做其他事情也可以一样快乐。

父母也可以给女孩一个选择的机会，例如"现在我们不能去公园玩球了，就在家里玩你最想玩的玩具好吗"，或者问她"下周日再去的话你愿意不愿意呢"。父母们还可以在做家务的时候，让她来搭把手，即使这样会让你更加手忙脚乱，却有利于调节女孩的情绪，让她在忙碌中用积极的态度，从悲观的情绪中走出来。

如何帮助女孩更加乐观

每个父母都希望自己的女儿乐观向上，不希望她被失落感影响情绪，那么就需要父母帮助女孩学会正确地进行自我分析，引导她以乐观的心态去面对一切事情，并教会女孩怎样进行自我调节，及时排除不良的情绪。

父母的爱让女孩远离悲观

由于女孩想的事情比较细腻，思考的问题比男孩要多很多，就会导致她有时会以悲观的情绪去看待事情，这时就需要父母及时发现女孩的这种问题。父母可以每天为她讲一些积极的小故事，或者让女孩每天都对着镜子微笑，并鼓励女孩，让她重新找到自信，经常聆听女孩的想法，并帮助女孩去解决问题，这样就会让女孩越来越自信，越来越乐观，就会让女孩重新找回对生活的积极性。

其实，父母的爱是任何其他人都给予不了的对女孩来说极其重要的动力，只要让女孩感到这份爱，就会使她更加积极，更加乐观地去看待生活。

向前看，不怕面对任何困难

生活不会亏待每一个热爱它的人，只要笑对人生，坚定地驶向目标，不论生命的航船遇到多艰险的恶浪，我们最终都能到达目的地。生活中需要勇气，需要用一种平常心去面对挫折。只要坚定自己的信念，一直向前看，就能到达你想要的目标。

人一定要向前看，不论遇到多大的困难险阻，只要坚定信念就一定会跨过去，只要一直向前看，就会看到希望。父母要告诉自己的女儿，向前看是最能激励人的方法，因为在未来总会有无数种希望。

让女孩发现自己的价值与能力

人来到这个世界上，就会有自身独特的能力和其存在的价值，就像世界万物都有用处一样。当女孩受挫感觉自己很无用时，父母要告诉女孩，每个人在这个世界上都是独一无二的，别人无法取代，但是有时自身的才能并不是那么轻易就能显现出来的，它需要我们自己不停地去挖掘。当女孩在面对失败时会开始怀疑自己的能力，当女孩的才能得不到他人的充分肯定时，就需要父母的鼓励，告诉女孩不要气馁，让女孩坚定自己的信念一直走下去。

从失败中吸取经验后接着向前冲

父母们通常将考试的成绩看得很重要，其实无论女孩考得好还是不好，只要她能从失败中总结出经验，一直向前看，没有放弃自己的信念，并能一个一个完成自己所指定的目标，就不要总是逼迫着她。

有一位年轻人到马戏团拜师，去学习走钢索的功夫。经过几个月的训练后，师父认为他已经基本掌握了技巧，就要求他到钢索上进行正式练习。虽然下面已经装上安全网，可是当年轻人在十多尺的高台上时，心里仍然战战兢兢，十分害怕。鼓起勇气走了十几步后，那年轻人往下一看，心里更是惊慌失措，差点儿就失去重心掉下去。就在千钧一发之际，师父在地面朝年轻人大声吼了一句，年轻人听后重获信心，再次取得平衡，并顺利地走了下去。

师父说的那句话就是："向前看！"

其实，女孩都需要向前看的力量，不论成功还是失败，这些事情都会过去，关键是女孩自己用怎样的心态去对待，将来怎么打算。千万不要让女孩感到心灰意冷，更不要让女孩对自己失去信心。

李白的"天生我材必有用，千金散尽还复来"的诗句，并不只是在屡遭挫折后发出的一句慨叹，也不是一种悲观和失望，而是一种对自我价值的充分肯定。

困境会让女孩更加有斗志，更加积极地向前冲

父母要让女孩觉得失败没有什么大不了，人生不会一直很平淡，难免会有起伏，不经历失败的人生就不算是完整的人生。逆境可以激发斗志，人的一生需要永远奋斗，而属于胜利者的皇冠，是属于那些做好准备的人的。你只有付出汗水，才会得到丰硕的果实，就会真正地体会到成功带来的欣喜，从而更加坚定自己的信念，去不断奋斗，一直向前看。

Part 03

第三章

亲子沟通，父母会说话女孩就会听话

随着女儿一天天长大，父母们是不是发现和她越来越难以沟通，她越来越不听话了呢？你们之间经常争吵吗？其实，这不仅仅是女孩自身的原因，父母们的问题也有很多。如果你能经常和她心平气和地交流，认真地听完女孩的话，能真正地站在女孩的角度去理解她，放下父母的架子去和她交朋友，那么，你的女儿是肯定不会和你产生隔阂的，更不会出现还没说几句就吵起来的情况。她会经常与你聊天，经常与你讨论问题，这样，她才能够明白父母的良苦用心。

不要因为忙而忽略了女孩

孩子十分在乎父母是不是在乎自己，尤其是敏感的女孩，更是要求父母全身心地关注他们的成长。一些父母虽然常年和女孩一起生活，但却不一定能经常沟通。大多数父母以忙为借口而忽略了亲子教育。父母只有全身心投入到女孩的成长中，让亲子教育一直走在她生理和心理发展的前面，这样女孩才能够积极地去学习，父母才能赢得女孩的尊重与爱戴。

随着女孩不断成长，不同的年龄阶段就会有不同的特征和需求，因此，需要父母用不同的接触方式、沟通语言与女孩进行交流，还需要根据她每个阶段所感兴趣的不同事物来沟通。一些父母认为女孩提出的问题十分幼稚，并且脱离实际。研究表明，6 岁的女孩中，只有 18% 能区别真实与幻想，9 岁的女孩中，有 90% 能够理解故事是编造的还是真实的。直到女孩 11 岁时才能逐渐从新的角度去理解诚实的问题。

不要让忙碌阻碍了与女孩的沟通

父母是女孩的第一任老师，更是她的终身榜样。女孩身上所展现出来的优点、缺点，以及那些好习惯、坏习惯基本上是由父母与周围的环境熏陶而成。因此，想要要求女孩做到的事情，父母必须先做到。父母要多欣赏女孩的优点，尽量包容她，但是要帮助她改掉缺点。父母们要知道世界上没有十全十美的人，再完美的人都有自己的缺点。父母要无条件信任自己的女儿，这才是与女孩沟通交流的重要基础。

既然自己已经是孩子的父母，就要对孩子担负起做父母的责任，不论工作多忙，都不能忽略了自己的女儿。其实，女孩对父母没那么多的要求，她只是希望从大人那里得到更多的关爱和重视。父母不妨仔细地想一想，是不是将"忙"当做一个借口呢？其实哪怕一天只有半个小时的时间和女孩在一起也足够了，难倒真的连这么少的时间也没有吗？亲情一旦被伤害，多少钱也无法弥补。

与女孩心平气和地谈话

父母不要在情绪激动甚至失控的时候急着与女孩沟通，更不要将工作或生活中的消极情绪传染给女孩，也不要过于急躁地去解决问题，否则会使问题更加严重，使亲子关系变得紧张。父母不要只专注判断是非对错，最好不要用批评、指责的语气和女孩说话，更不要以粗暴的行为来管教女孩。

父母要照顾女孩的感受，善于倾听，并能真诚地表达自己在聆听后的感受，时常给女孩谈论她的感受与发泄情绪的机会。要观察到女孩有什么需要，让她经常处在愉快和满足的状态中。在女孩遇到问题时，要及时与女孩商讨解决问题的方法。

掌握与女儿做朋友的技巧

女儿是一个小大人，成人的世界她未必全懂，但是她肯定有自己的判断，父母不可以把她晾在一边，独自生闷气。和女孩保持沟通的最好的方法，就是和她做朋友，她很稚嫩，甚至连话都说不清楚，但是她需要父母的理解，也需要理解父母。

只有做到与女孩平等对话，才能打开女孩的心扉，走进她的世界。只有倾听女孩的诉说，与她产生共鸣，才能获取女孩的信任，进而引导女孩自己解决问题。

父母要和女孩做朋友

正如孩子不能理解大人的世界一样，孩子的世界有时大人也不能理解，所以，为了更好地和女孩交流，父母们需要慢慢体会，不要因为难以理解就简单粗暴地否定女孩的思想。父母需要关注孩子们的生活，只有不断地去学习和体会，才能真正地了解女孩，才能和女孩无阻碍地沟通。

身为父母，需要学会和自己的女孩沟通的方法和技巧，只有平时多和女儿谈心，才能做到互相理解。父母们不要做一个高高在上，任意向孩子发布命令的人，这样会造成孩子的逆反心理与依赖心理，尤其是女孩。应该告诉女孩怎样去做，这才是最关键的事情。在与女孩沟通时，父母应该充分考虑女孩的感受，并注意女孩反馈的信息。女孩一般非常敏感，如果父母对女孩进行情感的教导，即使说得不多，她也能够分辨出父母所说的话想要表达的意思和态度，因此，父母在交谈的时候，语气最好要柔和，充满关爱，用与朋友交流的方式和女孩进行沟通。

注意与女孩沟通时的技巧

父母要学会和女孩谈心，而谈心要讲究技巧，要只问问题，不去讲道理，不进行分析，只是让女孩完全地倾诉，这与我们平时人际关系的互动不同。要让女孩从自己的角度去观察事物，女孩有她自己的思想世界，作为父母不要将她拉进自己的世界，而是要走进女孩的世界，不要认为女孩的想法很幼稚就不愿意和她谈话。沟通永远是亲子交流的最佳方法，只有多多沟通，女孩才会和父母心心相印。

在与女孩沟通时，父母要全神贯注地去倾听，并用"嗯……""哦……""这样啊……"等回应她，鼓励女孩说出她的感受，并且尽量帮助她实现愿望。

在与女孩交流的过程中，父母最好不要使用一些带有强制性的口气，这一点对父母来说非常困难，因为大多数父母教育子女的方式就是告诉他们什么事情可以做，什么事情不可以去做。可是这种语气会在父母和子女之间形成一层隔阂，这种强制性的口气不仅仅是命令，同时也是威胁，其潜在意思无非就是"你不照我说的做，我就怎么怎么样"，又怎么能让女孩充分信任你呢？因此，父母要注意自己的语气，这样才能更好地和女孩沟通。

用科学的方式对女孩进行批评

批评是教育的辅助手段，其目的是为了让孩子记住犯错误的后果，作为警醒，在日后能够改正或避免。但在现实生活中，很多父母都体会到，不论怎样和孩子讲道理或是严厉批评就是不管用，就算是打孩子一顿也还是不起作用，孩子依旧我行我素。

现在的父母都发现孩子说什么都不听，骂也不管用，打孩子一顿也就只管一阵子。那么父母有没有想过，怎么管这些犯了错的孩子？怎么对她进行教育？难道孩子错了就一定要批评吗？

传统观念认为"小树不修不成材，小孩不打不成器""三天不打，上房揭瓦"，认为打孩子对子女的教育十分重要。现代社会不提倡打孩子了，但是批评仍然是少不了的。每当父母在批评孩子时，总会担心批评得太重会伤害孩子的自尊心，批评得太轻孩子又认识不到自己的错误，尤其是对女孩子，批评的尺度就更不好拿捏。

把握批评的范围与力度

不知父母有没有发现，当女孩犯错对她进行批评的时候，父母总是会不自觉地翻旧账，把针对一件事情的批评扩展到对女孩所有错误的批评，甚至扩展到对女孩人格的否定，这很容易对女孩造成严重的伤害。每个女孩都极其敏感，容易受到各种伤害，即便父母对她的批评是出于好心，也会对她的自尊心及自信心造成严重的冲击。其实女孩在父母对她进行批评前就已经有了预感，她知道父母对自己的期待，而批评只是证实了她的猜想，她于是会产生恐惧，害怕失去父母的爱。所以，父母的批评中应含有一定的安抚，这样才不会让女孩失去安全感。

父母在批评女孩的时候，要让她明白为什么会受到批评，明白这样做事会带来什么样的后果，而不要去伤害女孩，直接给她打上坏女孩的标签，以免给女孩留下心理阴影。

在批评女孩时父母要保持公正

父母始终不能按同一标准来批评女孩。在一个大家庭中，爸爸和妈妈对女孩教育的规则都不一样，更不用说家庭的其他成员了。这也就是为什么一些女孩在家里不听话，而在学校就很听话的原因。每个女孩都希望家人公平地对待她，她希望父母像对待他人一样对待她，这也是父母在批评女孩时需要特别注意的地方。

批评只能当作教育的辅助

批评只是一种辅助教育的手段，而不是主要目的。也许孩子经常犯错，惹得大人很生气，但是不能只是因为生气而批评她。这个原因其实很简单，当我们生气的时候，我们很难把握行为的分寸，容易行为过激，但是孩子并没有明白道理，她只知道爸爸妈妈很生气，但是不知道爸爸妈妈为什么不喜欢她那样做。因此，这样做的结果只能是事倍功半。其实，父母们不妨在表扬中加批评，然后再对其鼓励的方法，这能让女孩愉快地接受批评。父母可以在赏识、认同、肯定、关爱女孩的优点或积极面的同时，夹着一些批评、建议或是不同的观点，让女孩觉得你不是想要批评她，而是为了她好。于是，她觉得你可以被信任，也会支持她并帮助她，就会让她有所反思。这种批评的方法，为的就是让女孩能够准确地认清自己的不足，同时又避免让她受到伤害。

学会拒绝女孩的要求

对孩子千依百顺，却从来都不想想那些要求是否正确，这对女孩来说可不是一件好事，会使女孩变得骄纵跋扈。所以，父母要学会拒绝女孩的无理要求。

常言道："玉不琢，不成器。"父母要知道，拒绝孩子无理的要求也是一种爱，而且是一种更高层次、负责任的爱。

不要事事都满足女孩

如果父母事事称女孩的心意，她就会认为父母一定可以满足自己所有的要求，甚至会觉得父母怕自己。于是，她会想怎样就怎样，而父母的半推半就，就更会让她无法无天。像这样恶性循环地发展下去，父母就会发现，有一天她真的变得无视父母的存在，不再将父母当一回事。在今后的学习生活中，如此嚣张跋扈、自私自利的她，也无法拥有好的人际关系。

蕾蕾今年已经上小学四年级了。学校离家有些距离，每天需要坐 20 分钟的公交车。其他的小朋友都已经自己独自坐车回家了，可是蕾蕾仍旧每天让妈妈接送。

一天放学，妈妈来接蕾蕾回家，公交车上人满为患，蕾蕾站在一个身形单薄的年轻女子身边，大声地嚷嚷着："妈妈，我好累啊，我要坐、我要坐！"可是蕾蕾又胖又壮，以身形来看，体力应该不会比那个年轻的瘦弱女子差。

妈妈对蕾蕾的要求不以为意，竟还带着一脸欣赏的笑容，并不加以阻止。这名女子最终还是不好意思地站了起来，蕾蕾飞快地一屁股坐上去，连一声谢谢都没说。妈妈也没道谢一声。

虽然说尊老爱幼是我国的传统美德，但这并不能成为小孩子们"得寸进尺"的借口。父母们一定要根据具体的情况进行不同的对待，对孩子的无礼要求一定要学会说"不"。只有学会拒绝女孩一些要求，父母才能找回父母的权威，让女孩从中懂得怎样去适应和尊重他人。

父母对女孩的放任与妥协，会养成让女孩做事半途而废的习惯。例如女孩练钢琴刚练到一半，就对妈妈说让她先玩一会儿。虽然妈妈开始不允许，但是只要女孩软磨硬泡，最终还是会心软答应道："行啦，行啦，你玩去吧，但下次不可以这个样子。"父母对孩子的这种妥协，并不会换来孩子的理解，反而会让她变本加厉，只要有了第一次，下一次她还会故技重施。

学会如何拒绝女孩

从合适的时间开始拒绝孩子。拒绝孩子的时间不宜过早，因为在3岁以前，孩子的哭声是生理需求的表现，比如说饿了、渴了等等，但是此时孩子还没有自理能力，这个时候只能靠父母。到了3岁左右，孩子差不多有了自我意识，这时孩子的哭声可能就不是生理性的了，而是一种精神上的抗议，例如：带女孩去朋友家，看到其他小朋友的玩具就想要，叫她放手就哭；带她去商场，看见好玩的东西哭着喊着要大人买……当父母发现她开始有这种"不达目的不罢休"的表现时，就要开始有意地拒绝孩子。

选择拒绝孩子的环境。尽量不要在外人面前和女孩对峙，因为当她看见周围有人的时候，就会哭得更加卖力了，通过这样的方式向他人求助，博取别人的同情。孩子在人群中大哭大闹，也会让气氛变得十分尴尬。在这种情况下，千万不要着急，最好把孩子带回家，把她带到卧室里，将门关上，让孩子单独面对你。等她停止哭泣的时候，告诉她："你今天这样是不对的，下次不许这样了。"

让女孩自己承担责任

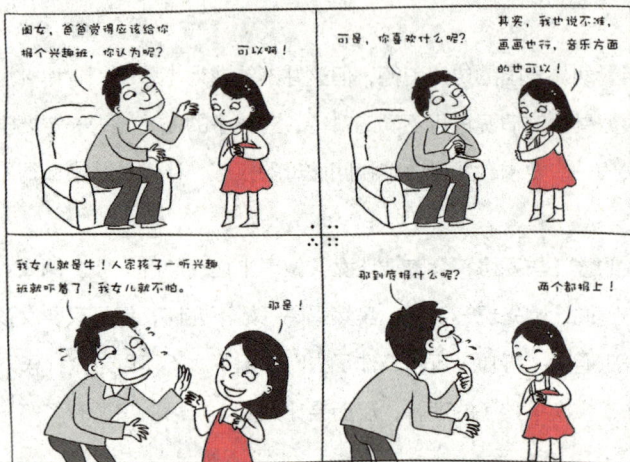

父母的教育方式能够直接影响女孩的行为模式。一味用父母权威来教育女孩，会让女孩感到强烈的威慑感，容易让她养成说谎或是不友善对待他人的行为模式；而过分放任或宠爱的教育方式，就会使女孩养成懒散、娇气、任性的不良习性。父母应当以民主的教育方式来管教女孩，既要对女孩严格要求，又要根据女孩自身的特点，适当地去满足她的要求或是愿望，要保持良好的亲子关系，这样才能更好地教育女孩。

女孩难免会犯错误，有些父母常常在事前就提醒她，而犯错后又对她大加责骂，想方设法地去补救，最终却是父母磨破了嘴皮，操碎了心，而女孩却没有一点感觉，甚至嫌父母很烦人。再遇到同样的事情，同样还是会忘，会错。

俗话说得好："吃一堑，长一智。"但女孩"堑"吃得多了，却是有的长智，有的却一点智也没长。这就是因为父母将她犯的错误都弥补了，没有让她为自己所犯的错误去承担责任。

露露已经8岁了。一次，学校的文艺会演要彩排，露露走得匆忙，忘了带伴奏带。妈妈看见了，却没有作声。她想：女儿经常丢三落四，只要提醒她一次，就会让她的心里增加一份依赖，那么以后就需要提醒她成百上千次，不如让她受点小挫折，用事实来教育她。

露露走到了学校门口，发现没有带伴奏带，就给妈妈打电话："妈妈，我忘了带伴奏带了，你帮我送过来吧。"

妈妈却说："这是你自己犯的错误，需要你自己来承担，而不是让妈妈来替你承担。你还是自己想办法解决吧。"

露露没有办法，只好将情况和老师说明，又顶着烈日回家去取伴奏带。

妈妈对露露说："别看我让你多跑了一次，但你要记住这个教训，因为这会让你少跑很多次。"由于这个教训，露露改掉了丢三落四的毛病。

有人问露露："你认为你妈妈这么做对吗？"

露露笑着说："我认为很对，因为这的确是我'自作自受'，也正是因为这件事，让我知道了，做事之前一定要考虑好后果。"

表扬和批评虽然是巩固良好习惯、消除不良行为的重要强化手段，但也要讲究方法。一定要有条件地、正式地、及时地对女孩进行表扬与批评，并且要及时说明对其表扬和批评的具体原因，让女孩明白自己为什么受到批评或是表扬；用女孩之前的行为或成绩做比较，及时表扬女孩的进步，或批评女孩的退步；培养女孩对自身不良行为的自我约束与自我批评。这样更能让女孩认知到自己的错误，并能更好地保留自己的优点，改正自己的不足。

只有用心才能起到沟通的作用

要想做一名合格的父母，不仅要做好女孩的保姆，也要做好女孩的老师，更要成为女孩的朋友。父母只有学会如何与女孩良好的沟通，才能够将父母的爱与期望充分地传达给女孩，并会为女孩创造最适宜的成长环境，最美好的生活空间，以及最佳的学习机会。

父母们要明白，现在用什么样的方式同女孩沟通，女孩今后也会用同样的方式来和你沟通。这是因为，在父母与女孩沟通的同时，女孩也在学习怎样与别人沟通。因此，只有用心和女孩沟通，才能营造出良好的家庭氛围。

时刻记得用心与女孩沟通

大家有没有发现，随着女孩年龄的增长，同女孩的沟通往往越来越困难。这不仅是女孩的成长给双方带来的代沟，也是父母很少用心和女孩沟通造成的。女孩在成长的过程中，每天都会有很多新奇的发现，同样也会碰到很多的问题，而女孩对父母有着强烈的依恋感与期盼，她会十分渴望与父母在一起，告诉父母她的新发现。于是，她就会努力去表达自己的想法。但是，父母劳累了一天，总是没有足够的精力与耐心听女孩说话，就会敷衍女孩，甚至会打断女孩的兴致。像这样下去，女孩就逐渐失去同父母沟通交流的习惯。

善于使用各种沟通方法

父母有很多沟通方式可以选用，有时，若是觉得口述已经难以表达清楚，还可以给女孩写一封信。其实，一个鼓励的眼神，一个加油的动作，一个亲热的吻都是与女孩沟通的一种方式，父母们要知道，身体语言是任何语言都替代不了的一种沟通，这种沟通无形中就将你与女儿的心拉得更近。

善于聆听女孩的故事

父母想要培养女孩善于和人交流的习惯，首先就需要耐心地倾听女孩的心声，无论女孩说的话是否有没有意义。其实，女孩能够很敏感地察觉到父母是厌烦还是恼怒，父母一点点情绪的变化，都会被女孩捕捉到，她可能会认为造成这样的原因是由于自己说得不够好，因此，她也许会马上闭嘴，从此以后都十分小心，让自己注意不去碰到父母的"雷区"，从此以后变得少说话，或是干脆不说话。

善于理解女孩的观点

父母在亲子的沟通中，还会犯一个致命的错误，那就是不肯去理解女孩，不愿去接受父母和女孩之间的思想差异。其实，调节人与人之间的想法的差距就是沟通的最大魅力。父母只有在沟通时让女孩与自己都处于平等的地位，才会让女孩心悦诚服地去接受你的观点，才能做到相互理解。父母若是永远高高在上，只会把女孩推得更远，永远达不到沟通的最终目的。父母必须接受与女孩之间的差异，放下做父母的架子，以平等的心态去对待女孩。只有这样，父母才能够站在女孩的角度去思考问题，更加理解女孩。而被理解的女孩就会更喜欢和父母进行交流沟通，就会产生一个良性的循环。

耐心地聆听女孩的话，让她做一个快乐的小天使

聆听是增长智慧的起点。身为父母，一定要有豁达的心胸和开明的思想，这样才能听到女孩要表达的真实的情感，听到她真实的感受与观点。

很多时候，由于父母和女孩双方缺乏了解与沟通，才会导致亲子关系出现问题。很多父母都体会到，女孩越大越难和她沟通，甚至在与她交谈时都不知从何入手。

不要武断地去评判

其实倾听的本质就是设身处地地为女孩着想，只要认真倾听女孩说话，不随意打断女孩或者武断地得出结论，女孩就会很愉悦地与你沟通。譬如女孩刚放学回家，害怕地对妈妈说："妈，今天我挨老师批评了，她让你明天去一趟学校。"其实这时女孩最需要安慰与理解，可是在遇到这种情况时，父母通常都会说："你又在学校给我闯什么祸了？！"这就是武断地下结论，给女孩的感觉就是拒绝和不理解。长此以往，当女孩再遇到什么事情时，就不想让父母知道，父母和女孩之间的隔阂就会越来越深。等到父母发现与女孩的关系出现了裂痕，再想弥补，就会更加困难了。

姗姗已经 9 岁了，一次放学回来，进门就将书包生气地扔到沙发上，气鼓鼓地噘起

小嘴巴坐在沙发上，一声也不吭。爸爸看见后便在她的身边坐下，问："怎么啦我的宝贝女儿，受什么委屈了？"

"哼！"姗姗愤愤地说，"今天上课的时候，老师问谁见过雪，雪长什么样子，好多同学都举手回答，我也举手了。"

"那很好啊！"爸爸立即表扬她，"敢于举手回答老师的提问，这样很好啊！"

"可老师偏偏叫了其他的同学，他们还都没答好，分明就是没见过雪嘛！"姗姗不服气地说，"可是我见过呀，老师却就是不叫我。"

爸爸看着姗姗，想道：姗姗的确亲眼见过下雪时的情景。由于生长在南国，几乎没有遇到过雪天，但在去年冬天一家去庐山游玩时，恰逢那里下雪，当时那美丽的雪景的确给女儿留下了深刻的印象。当明白了姗姗生气的原因后，爸爸说："那你现在把爸爸当作你的老师，向我描述一下雪的样子，好吗？"

姗姗很高兴地答应了，接着就绘声绘色地向爸爸描述了一番她所看到的雪景。

学会聆听，让女孩感受到父母的爱

女孩慢慢地长大，就会对一些问题产生自己的想法，如果从小父母就从来不去耐心地听女孩说话，就会导致女孩觉得沟通没有那么必要，什么事情都不同父母说了。

其实，这都是由于父母的不耐心、不尊重，才导致自己越来越不了解自己的女儿，很多时候，父母都无法耐心地将女孩的话听完，经常在她说到一半时就打断她，这是一种极其不尊重女孩的表现，久而久之，女孩就不再像以前那样和父母主动交流了。

教育女孩，爱女孩，都必须要从聆听开始。若是女孩心中的困扰能对爱自己的爸爸妈妈说出来，那么问题也就解决一半了。对于女孩来说，能够时刻有人来关注自己、倾听自己，就是心理上最大的一种支持；将自己的烦恼表达出来，并且知道这种想法不会受到嘲笑，就能够让女孩勇于说出心里话，变得更加自信。

放下父母的架子，和女孩做朋友

家是女孩的避风港，年幼无助的她缺乏对周边环境的自我适应能力，就更加依赖家庭的氛围。可是很多父母却没有意识到家庭氛围给女孩带来的影响，所营造的都是消极的氛围，这就会给女孩的心中留下阴影，大大阻碍父母与女孩之间的正常沟通。

身为父母，都希望女儿和自己无话不谈，能够了解女儿真实的想法，走进她的心灵世界，能时刻掌握她的思想脉搏，并引导她朝正确、健康的方向去发展。

要重视女孩说的每一句话

每个女孩都希望自己生活在一个温馨和睦、轻松愉快的家庭环境中。这样的氛围会使她的身心得以释放，更容易培养出她和善、活泼、容易相处、乐于合作的性格。反之，在一种沉闷压抑消极的氛围中，就会使她全身紧张，紧闭心灵的窗户，不愿和别人沟通。

当女孩兴高采烈地和你说她的所见所闻时，就算你再忙，也要把手头的事情暂且放下，认真地、耐心地去倾听她说话。倘若你真的有很急的事情必须要做，也不能直接打断女孩的话，要与她约好适当的时间。因为女孩往往很重视父母的反应，你若是心不在焉地听她说话，会让她觉得你很不重视她，容易伤害她的自尊；你若是因为太忙就大声训斥她，就会严重打击她的自尊心，让她认为只要与你说话你就会很不高兴，导致以后她不愿与你沟通。所以，父母们请重视女孩说的每一句话，耐心地去听，这样才会让亲子之间保持良好的沟通关系。

女孩对一切都还十分懵懂，对她来说，眼前的世界是那样色彩缤纷，所以，就需要父母不断地提升自己，充实自己的知识，跟上女孩的脚步，努力成为女儿的一个富有智慧的知心朋友。

放下父母的架子，与女孩一同成长

其实，父母若是像跟朋友一样与女孩沟通，就会发现女孩的心会和你靠得更近。而且，不论我们再怎么细心，在教育女孩的方面，也难免会有判断失误的时候。所以，请父母们放下家长的架子，在女孩面前勇于承认自己的错误，为女孩树立知错就改的好榜样，这样女孩就会更加信任你，愿意和你做朋友，沟通就不会那么困难了。

当女孩遇到困难时，父母要伸出双手去帮助她，并安慰、鼓励她，让她勇敢地去面对困难。当女孩心情不好时，父母不要急于追问原因，等女孩的心情平静以后，再婉转地询问原因，这样女孩就不会烦躁，就会对你敞开心扉。当女孩说出烦恼后，父母一定要心平气和地与女孩一起讨论应对的办法，帮助她走出困扰。

做父母难，让父母做女孩的朋友更难。但只要你做到真正地尊重女孩，用与时俱进的教育理念来教育女孩，放下做父母的架子，并与女孩一同成长，你就一定能成为女孩的朋友，得到女孩的信赖。

赞美，与女孩沟通的捷径

　　随着女孩年龄的增长，父母的批评越来越多，而表扬却越来越少。很多父母都觉得自己的女孩越来越不听话，越来越不愿与自己沟通，其实，这都是由于父母经常批评她的原因。父母在教育女孩时，要善于发现她的优点，以表扬为主。

　　父母要善于发现并能及时表扬女孩的进步，这不但会影响女孩学习和做事的效果，还能够影响女孩对学习和做事的态度。当女孩遇到挫折、做事成效不突出时，父母的肯定与鼓励就会成为激励女孩勇往直前的动力，就会让女孩更加坚定自己的信念，并更加努力地将事情做得更好。

表扬，让亲子之间没有隔阂

　　从小学一年级到高中学生之间的调查中发现，随着年级的升高，孩子得到父母的表扬的时候就逐渐地减少，有的孩子到中学几乎就没有再听到过表扬了。而孩子听到父母批评的情况却恰恰相反，随着孩子越长越大，批评声也越来越多，越来越严厉。

　　每个女孩都有自己的优点和不足，父母要在生活的每个细节中，注意并发现女孩的优点及点滴的进步，并且及时给予肯定和表扬。如果父母对女孩的优点和进步视而不见的话，就会挫伤女孩的积极性。其实，很多时候父母所看到的女孩的优点，女孩自己并没有发现，但父母及时地表扬，就会让女孩觉得自己一直处于被关注的状态中，就能够增强女孩的自信心，让她更加积极地去学习、生活，就会经常主动地与父母沟通。

表扬，让女孩更加自信

有人曾经做过一组这样的实验：有两组女孩，先让她们一起长跑，消耗部分体能，之后对其中一组女孩提出严厉的批评，而对另一组的女孩进行热烈的赞扬，然后让这两组女孩马上进行又一轮的体能检测，结果发现：受到批评的那组女孩，怎么也提不起精神，无法去拼搏冲刺；而受到表扬的那组女孩，却显得十分兴奋，即使快突破体能的极限，也仍然呈现出一种想要拼搏的状态，充满自信。这个实验告诉我们：表扬与赞美十分有利于优化女孩的心理，不仅能快速安抚女孩身体的创伤，还能促进女孩心理的健康发展。

作为父母，不仅要学会为女孩创造发挥才能的机会，还要善于发现女孩言行中的闪光点，更要学会如何去赏识与赞美女孩，要经常鼓励和肯定女孩的行为。虽然语言的赞赏必不可少，但有时一个发自内心的鼓励的眼神，一个善意的微笑，一个肯定的点头，同样富有真实的感染力，能给女孩更多的信心与动力，照亮女孩精彩的人生。

父母一定要有正确的教育观，一定要经常对女孩的每一个进步给予表扬，女孩拥有强烈的是非感，当女孩表现得不好或者是成效不突出的时候，请父母们不要再打击女孩的信心和积极性，父母应适当地给女孩表扬，赏识女孩的进步，使她重新建立起做好事情的决心和信心。

理解女孩，做个有心的父母

　　家庭教育是一种双边的行为，父母在教育女孩的同时，也在受到教育。要想施教成功，父母就需要学会去倾听女孩的心声，真正去理解她。

　　女孩的心理世界丰富多彩，与父母的世界有很大的不同。父母想要了解自己的女孩，就要在家中创造一个能够让她充分吐露心声的氛围。不管女孩的话多么幼稚，都要耐心地倾听，仔细分析女孩的愿望和要求，鼓励其中积极的成分，对于女孩一些不正确的想法，父母应及时地对她进行引导，提高女孩的认识。

父母要善于聆听

　　父母在与女孩谈话聊天时，要善于聆听女孩所说的话，了解女孩的观点。当女孩的想法或是观点正确时，就要表扬她，并鼓励她自信地去做这些事情。相反，当女孩的想法错误时，要及时地对她进行正确的引导，帮助她改正这个错误的观点。父母不要将自己的观点强加给女孩，更不要因为女孩不认同就对她进行责骂，这样做会让女孩很难再次敞开心扉。

学会换位思考

父母只有与女孩进行沟通才能够了解她的想法，才能让她理解你的做法，这样才能建立起相互信任的桥梁，亲子之间才能和谐相处。作为父母，不要总是端着做父母的架子，不要总是以权威来维护做父母的尊严，当发生意见不统一的情况时，不让女孩说明自己的观点，只让她按照父母的观点去做，这样是绝对不可以的。想要了解女孩，就必须与她沟通，让她说出自己的观点，意见不同时，父母最好能换位思考，看看怎么做最有道理。

父母最好按照女孩的角色地位、年龄特点和性格特点来进行换位思考，也可以回想自己当初在女孩这个年龄时有什么样的想法，想做些什么。这样，你才能更加理解你的女儿，才能与她正确地沟通。

不要强制性地约束女孩

很多父母在教育女孩时，完全从自己的角度去看问题，并以自己的经验去解决问题，认为女孩只有按照自己的方法去做才能够解决问题。其实不然，父母若是长期以这种教育方式来教导女孩，就会让女孩对你产生依赖性，做什么事之前都不会自己动脑去想，同样，当她自己有想法时就不会对你说，这就严重影响女孩的正常发展。

尤其是在女孩青春期的时候，许多父母都会和女孩出现针尖对麦芒的情况，其实，只要父母们平时就注意和女孩多沟通、少争执，多体谅、少发怒，多体贴、少计较，这就可以大大减少女孩的逆反心理，让女孩更愿意主动与你沟通，这样就避免了冲突，使亲子关系更加密切。

尊重女孩，给女孩说下去的动力

很多父母都能无微不至地照顾女孩、爱女孩，却不能尊重女孩的意见，其实，想要真正去与女孩沟通，首先就是要尊重她的意见，也许有时她的观点是错误的，但也要认真地将她的话听完，在明确她表达的意思后，再对她提出建议，这样，女孩就会认为你很尊重她，她就会将自己所想的全都告诉你。

女孩其实也很好去理解，只要父母多一点耐心、多一些理解，她就会对你无话不谈，而你就可以对她的那些不正确的思想进行正确的引导，让女孩更加健康快乐地成长。

不要唠叨，做聪明的父母

在家中经常会出现这样一种情况：爸爸妈妈总是不停地叮嘱女孩，不断地提醒女孩这个那个，而女孩却显得非常不耐烦。这让父母们感到十分恼火，他们想：这不都是为了你好吗？你怎么不领情呢？可是在女孩看来，是爸爸妈妈太唠叨了。

通过各种研究表明：总是反反复复说着同样的话，会使人产生一种习惯性的听觉模糊。意思就是明明是在听，却根本没往心里去。作为父母，不要总是说女孩不听话，你也应该静下心来想一想，是不是自己太唠叨了。

父母的唠叨让女孩更加无法独立

在大多数女孩的眼中，父母不论大事小事总是喜欢唠叨，这使女孩十分反感。其实，这在家庭中是一种十分普遍的现象，很多父母都爱唠叨，但一部分父母是认为自己的女孩还没长大，要关心她所有的事情，对女孩呵护备至，所以要经常唠叨她，这是一种爱的体现；而另一部分父母则是对女孩有过高的期望，有的甚至将自己没有实现的梦想寄托在女孩的身上，因此平时不论大情小事都要进行监管与督促。

虽然父母有责任对自己女儿的不正确言行及想法进行批评教育，但也要注意形式。不要对女孩没完没了地唠叨。唠叨不但不会起到任何效果，反而会让女孩心烦，同时对父母的唠叨形成依赖感，逐渐发展成只要父母不唠叨，女孩就无法将事情做好的状况；父母批评性的唠叨容易加重女孩的心理负担，让女孩渐渐失去自信心，也许还会让她产生强烈的逆反心理；父母若总是随意唠叨，就容易养成女孩注意力不集中的毛病，对需要记住的重要事情也会当成耳旁风。

适度地叮嘱，让女孩更加快乐

　　父母在教育自己的女孩时，一定要注意把握尺度，该放手让女孩自己去做的事情就让她自己去做，该沉默的时候就不要唠叨太多。只有把握好尺度，父母才能真正地走进女孩的心灵，能了解她内心真正的需求，并灵活多变地去辅导女孩，这样女孩才能在父母的引导下快乐成长。

　　在与女孩交谈时，父母要学会自我控制，要尽量控制不要唠叨。爱唠叨其实是父母不知该怎样与女孩进行有效沟通的表现，沟通要讲究方法。当女孩心情不好时，父母就不要总是在女孩身边说个不停，即使是出于善意，也会让女孩觉得很烦，让女孩产生强烈的逆反心理，甚至与父母发生争吵。因此，请父母们少一些唠叨，多给女孩一些自己的空间，这样不仅能养成女孩独立自主的习惯，还会让她学会思考。

诚挚地道歉，增进亲子之间的沟通

古人云："人非圣贤，孰能无过。"父母总是认为自己是成年人，阅历丰富，思想成熟，在女儿面前不会犯错。其实，在教育孩子的过程中，每个人都会犯一些或大或小的错误，这并不可耻，最重要的是在犯错后你做了什么。

在日常生活中，不得不承认，要向自己的孩子道歉，的确是有些难为情，但父母做错了就要向女儿道歉。道歉也是门学问。父母不要只是敷衍女孩说句"对不起"就行了，必须让女孩感受到你心中的内疚，真诚地、由心而发地向她道歉，这样才能得到她的原谅，化解双方的矛盾。

父母难免会犯错

父母和女孩都无法避免做错事，但通常情况，都是女孩向父母道歉。这是为什么呢？女孩还小，会比较容易做错事，而父母们又教导女孩要敢于承认错误，做错事就要道歉，因此，当女孩发现自己做错事情就会道歉，这是一种很好的现象。但是如果父母也犯错了，却没有向女孩道歉，就会对女孩产生不良的影响，让她不再相信父母，以后做错事也不像以前那样勇于承担，勇于认错。

其实，父母难免会犯错，为什么不在犯错后向女孩认错，做个好榜样呢？请父母们适当地放下做父母的威信，在做错事后向女孩道歉，这也会增加女孩对你的信任感，就会让女孩更喜欢与你亲近，亲子之间的沟通就会变得更容易。

勇于承认错误，做女孩的榜样

父母在犯错时，一定要坦率地去承认自己的错误，不要为了维护自己的权威就不去向女孩道歉，坦率地承认错误不仅是对女孩的尊重，更是为女孩树立一个知错能改的好榜样，培养女孩成为一个勇于承认错误的人。父母给女孩道歉，更能获得女孩尊敬和理解。

有些父母通过写信的方法向女孩道歉，希望获得女孩的原谅。但这种方式有很多女孩不买单，认为父母道歉太迟，并且十分没诚意。其实，当父母发现冤枉女孩时，就要及时向她道歉，这也是通过自身来教育女孩要知错就改的一种方式。

其实，教育和被教育是一个互动的过程，父母在教育女孩的同时，自己也在获得知识，也在获得成长。很多父母在女孩的身上找到了自己童年时的快乐，心态逐渐地变得更加豁达，更加乐观，做起事来更有目标。所以，如果父母在教育女孩的时候也多从自己身上找找问题的话，亲子沟通就会变得简单得多。

道歉也是一种沟通的方式

父母向女孩道歉有利于改善亲子的关系，也有利于女孩身心的健康成长，更有助于提高自己的权威。不论是大人还是孩子，只要做错事就应该道歉。不要以为父母是大人，做错事就不需要道歉。父母一定要起到以身作则的作用，如果父母以一种平等、谦卑、平和的态度来对待自己的女儿，那么女孩就会学到这种好的品质，有助于女孩今后的学习生活。

轻松的环境，与女孩更容易沟通

女孩从出生开始，每天都会遇到一些新的事物和新的问题，她在不断发现与不断学习中成长。在竞争日益激烈的今天，女孩所面临的压力更是与日俱增。给女孩创造一个轻松的学习环境，就是每个父母所必须面对和思考的问题。

每个父母都希望自己的孩子成龙、成凤，于是给孩子过度的关注与压力，从女儿上学起，就每天严密地监视着她的一举一动，让女孩一直处于十分紧张、压抑的状态，父母以为这样是对她好，殊不知是害了她。

常与女孩沟通

父母的教育对女孩的成长有着很大的影响，因此父母不能不注意自己的教育方式，良好的教育会让整个家庭充满温馨，亲子关系十分和谐，反之，会让女孩越来越叛逆，越来越难以沟通。其实，除了对女孩进行正确的文化教育，更重要的是给女孩创造一个舒适的学习环境。

当女孩在日常生活中对一些事物产生好奇心时，父母千万不能敷衍她，或是对她横加指责，一定要尊重女孩的这种好奇心与求知欲，让她说出自己的问题与想法，要鼓励她努力学习，引导她从书本中寻求答案。

给女孩一个轻松的学习环境

在学习中，有些好强的女孩压力会更大。其实父母也会在工作、生活中感到各种不同的压力。因此，建议父母们找一个适当的假日，通过与女孩进行一些趣味运动、游览名胜古迹，或是看一些娱乐节目与她进行互动，从中放松紧张的情绪，暂且一同忘掉那些压力。这些都可以疏解女孩心中郁积的压力，让女孩放松紧张的神经，在轻松中去迎接新的知识和新的挑战。

试着理解女孩的新世界

女孩眼中的世界与父母不同，她会接触到不同的新鲜事物，而父母们为了更好地和女孩交流，就要试着去接受这些新的观念。只有亲身体验过，才能客观公正地判断这些新的观点是否正确，这些新的事物是否适合女孩，准确地分辨这些事物的优劣，才可以更好地与女孩沟通，让她从新的事物中吸取健康的因素，引导她向正确的方向前进。

和谐的家庭氛围，让女孩更加快乐地成长

即使家中并不富有，房屋并不宽敞，甚至有些简陋，也要让家中时刻充满欢声笑语，时刻让家中充满温馨、宁静与友爱。家是女孩的避风港，而父母永远是女孩的精神支柱，即使女孩再怎么不愿与你沟通，也不要放弃她，时刻关心她、爱护她，让她感觉到你对她的温暖，这样女孩就会慢慢打开自己的心扉，更加快乐健康地成长。

Part 04
第四章

口才教育，培养能言善辩的巧嘴女孩

说话是一门学问，而当今的社会更是离不开说话，不论在生活还是工作中，往往免不了要演讲、辩论，这就需要女孩具备良好的口才，拥有强大的语言表达能力。由于女孩天生语言能力较强，因此看起来女孩往往都是能言善辩的，可是当女孩慢慢长大，父母们就发现这个能力消失了，有些女孩变得越来越沉默，越来越不喜欢表现自己，为了重新激发她获得这个不可缺少的能力，就需要父母们耐心地去培养。

礼貌的用语，增添女孩的语言魅力

作为父母都知道，礼貌和礼节是女孩最起码的教养。因此，父母都十分重视培养女孩文明礼貌的好习惯。

当女孩还小的时候，她分不清什么话该说，什么话不该说，而女孩最亲近、接触最频繁的父母就成了她模仿的对象。因此，在家中，父母一定要为女孩树立起良好的榜样，让女孩养成做文明事、说文明话的良好习惯。

父母要培养女孩使用礼貌用语的好习惯

父母想要让女儿养成使用文明礼貌用语的良好习惯，就要在日常生活中起到良好的带头作用，经常教导她说"请、您好、谢谢、没关系、对不起"等。并且，父母还应告诉自己的女儿，不要沉默寡言，说话时不要重复，这都是不正确的表达方式。

不论是在家还是在外面，父母都要让女孩保持讲文明、懂礼貌的习惯，这样才有助于形成良好的气质，让她知道无论何时都应该这个样子，养成懂礼貌的好习惯。

适度表扬女孩能让女孩发挥得更出色

通常情况下，当父母对女孩有所提示时，她就会牢牢记住并努力实现父母的期望。而父母们及时的表扬，就会让她的这种好习惯得以延续。经常对她进行这样的提示和表扬，过一段时间父母们就会发现，你已经不再需要对她提示，而只需要及时地对女孩进行表扬就可以了。

一天，妈妈带着6岁的乐乐去阿姨家做客，乐乐非常高兴，因为她已经很长时间没有见到阿姨了，一直催促妈妈快点。

妈妈看着如此兴奋的女儿用提示的口吻说道："我们去看阿姨的时候，如果你能主动跟她握手，说'阿姨，您好'，并且在用餐的时候主动为她拉出椅子，我会为你感到骄傲。"

乐乐听后认真地点了点头。

回家后，妈妈及时地表扬了乐乐："我和阿姨今天都很高兴，我真喜欢你和阿姨握手，并为她拉椅子的样子，你表现得比妈妈预想的好很多，女儿你真是太棒了。"

父母要正确地引导女孩谈吐优雅

父母们也应该注意，不要强制性地让女孩去使用这些礼貌用语，这无法达到良好的效果。例如，当你看见女孩在吃饭时将胳膊放在桌子上，不要大声说"你这个没教养的孩子，把胳膊肘给我从桌子上拿开"，你可以换种说法："请把胳膊从饭桌上放下去好吗？这样看起来真的不太好。"这样说的话比较容易让女孩去接受，也让女孩从父母的话中学会那些礼貌的用语。

父母应该对女孩进行正确的引导，让她自己去体会他人的情感，懂得感恩，这样才能有效地提高女孩自身的气质，从而自然而然地应用礼貌用语。当然父母本身的语言习惯尤为重要，因为你时刻是女孩的榜样，永远是女孩的老师。

女孩必备的能力 — 口头表达能力

语言是表达思维的工具，而语言水平的高低反映了思维的水平。多方研究表明，发展口语的最佳时期就是儿童期，父母要在这个时期抓紧培养女孩，使其形成良好的语言习惯，这将是今后发展女孩智力、口头及书面表达能力，还有理解能力的前提，会让女孩终身受益。

在女孩小的时候父母便要让她学会组织语言，让她在说话时将主要信息完整地表达出来，让听的人明白她所说的意思。当女孩逐渐长大后，就要求她口齿清晰、用词准确地讲述事情，这样就能逐步加强女孩的语言表达能力。

思维能力与语言

对女孩的语言与思维能力的培养要同步进行。父母要注意自己的用词，不要过于简单、死板，避免语言过于单调贫乏，生动、幽默的语言才能给女孩提供良好的样本。例如，当女孩用"好看"来形容别人时，父母就可以引导她通过这个词可以想到什么，这样她就会逐渐地用"漂亮""美丽"等比较丰富的词语来形容他人。父母要有意识地跟女孩重复一些她刚刚熟悉的新词语，并让她将这些词放在句子中来说，不断强化巩固她的记忆。这样女孩的表达能力就有了一个较高的起点。

阅读，增加她的词汇量

其实要想让女孩真正掌握语言，提高她的口语表达能力，最好的方法就是让她阅读。阅读可以快速提高女孩的语言能力，增加她的词汇量，更是提高女孩写作能力的重要途径。阅读对女孩来说非常重要，只有经常阅读才能让女孩获得更多的知识，拓宽她的知识面，增长她的见识，让她更加自信地用更加丰富的词汇去描述各种事物。

观察，增加女孩的见闻

对平时不愿以口头表达想法的女孩，父母不要强迫她开口，应以引导为主，可以带着她多接触一些新的事物，譬如节假日带女孩去逛公园，逛商场、书店等，放松她的心情，进而去引导她仔细地观察体会，不失时机地引导她说出她的所见所闻和她自己的想法、感受，这样，不仅能增加亲子之间的交流与理解，同时还锻炼了女孩的表达能力。

沟通，锻炼她的表达能力

父母应多与女孩沟通交流，这样你不仅能了解女孩在想什么，还能让女孩敢于说出自己的想法，提高她表达的能力。父母最好能找一些女孩比较感兴趣的话题，这样便于沟通，也利于双方交流，女孩对这个话题感兴趣，就会抢着和你说她的观点。也许，开始会说得前言不搭后语，但时间一长，你就会发现女孩说话越来越有条理，表达得越来越清楚。

总而言之，女孩的表达能力虽然受到性格和环境的影响，但只要父母能够耐心细致地去教导，有针对性地对女孩进行培养和锻炼，你就会发现自己的女儿变得越来越活泼可爱，喜欢与人沟通，口语的表达能力越来越强。

幽默的语言，让女孩快乐地成长

在人际交往中，幽默感起着举足轻重的作用。相对于那些没有幽默感的人，一个幽默风趣的人往往更受大家喜爱。幽默能帮助女孩更好地去面对生活和学习中的困难和痛苦，让女孩更加快乐地生活，因此，对孩子幽默感的培养也受到了越来越多父母的重视。

俄国文学家契诃夫曾说过："不懂得开玩笑的人，是没有希望的人。"现实生活中，幽默不仅能够消除沮丧与痛苦，淡化消极的情绪，舒缓紧张的气氛，还能够给自己和别人带来喜悦和惊喜。幽默是一种生活的态度，更是一种做人的智慧，是一种乐观且积极向上的心态。

让女孩尽情地说出身边的趣事

女孩对发生在自己身边的趣事，总是有很强烈的表达欲望。这时就需要父母认真地去倾听，并和女孩一同欢笑。若是女孩拥有十足的想象力与幽默感，父母就可以通过一些小事件去引导她编一些幽默的故事，这不仅能挖掘她的想象力，更能增强她的语言表达能力和幽默感。

11岁的敏敏兴冲冲地跑回家，高兴地对爸爸说："爸爸，刚才我问隔壁的小鹏：'你认为你家的锅和马桶有什么区别？''"

爸爸笑着答道："他是怎么回答的呢？"

"他说他不知道。"敏敏笑着说。

"哦，那你又说什么了？"爸爸又问道。

"我说：'那么，我永远也不会去你家吃饭。'"

爸爸听完这句话后，和敏敏笑成了一团。

让女孩多看一些有趣的书籍

父母应该多让女孩读一些轻松幽默的小故事，不仅能让女孩在轻松愉快的氛围中喜欢上阅读，还能不知不觉地培养女孩的幽默感。同时，父母也可以让女孩在读完故事后给你讲一下所看的故事的内容，经常让她绘声绘色地去讲这些小故事。和她一同欢笑，不仅能让家庭氛围更加轻松，亲子关系更加融洽，同时也锻炼了女孩语言上幽默的风格，提高了女孩的阅读能力。

父母首先要有幽默感

虽然女孩的幽默感有先天的成分，但是后天的培养才是最主要的。父母是女孩的第一个模仿对象，女孩的性格在不知不觉中就会投射出父母的影子。因此，父母想要培养自己的女孩拥有幽默感，起码自己也要有幽默感，是个懂得欣赏幽默感的人，这样才能起到教育女孩的作用。

父母要注意，一定不要将带有敌意的讽刺和非敌意的挖苦一起使用，因为女孩还小，还不能区分这些语言所带有的情感，父母应该帮助她去区分，这样才能让她在今后使用时注意自己的用语。

总之，父母想要提升女孩的幽默感，就要在日常生活中时时注意营造轻松愉悦的氛围，让幽默陪伴她一生，让幽默去帮助她结识更多的朋友，更加快乐幸福地成长。

让女孩学会用语言去拒绝

女孩终究要走向社会，要融入群体生活，只有与他人分享，才会得到他人的尊重、支持和信任。所以，父母们都希望自己的女孩学会与他人分享，拥有大方慷慨的美德，但同时也希望女孩能知道拒绝。

父母们都知道，拒绝别人的确是一件不容易的事情。一些人在拒绝对方时，因为不好意思就不据实说明原因，导致对方不清楚你的意思，致使双方产生很多不必要的误会，这样也使自己心中压抑。女孩也会遇到这样的情况，那么，应该怎样教她拒绝别人呢？

父母要教女孩学会拒绝

培养女孩独立性和自主精神的其中一个重要方面，就是教会女孩拒绝。父母们要让女孩知道，什么事情都要讲究一个度，倘若轻易地向他人承诺了自己无法履行的事情，就会给自己带来许多困扰，增加与他人沟通的困难度，因此女孩需要学会拒绝别人。

要教会女孩如何去拒绝别人的一些无法让人接受的要求或者行为，让她知道在拒绝别人时需要注意所用的方式、方法，态度不能太生硬，更不能使用尖酸刻薄的话语。要告诉女孩，可以先不急着拒绝对方，用迂回委婉的方式来向对方说明自己的实际情况，在不违反自己的主观意愿的前提下，给对方一个可以接受的理由。

让女孩正确看待面子问题

女孩有时可能为了照顾面子，不敢拒绝别人的要求。例如，虽然钱都是父母给的，但当有人向她借钱去玩游戏时，女孩就会为了面子借给他们。还有些女孩为了面子，当别人叫她去做一些违反纪律的事情时也会违心去做，事后还受到老师及父母的批评。由此可见，父母让女孩学会拒绝，就应该教会女孩正确地对待面子问题。

父母要让女孩知道，如果是合情合理的事情，应该积极帮助对方；若对方提出不合理或超出自己能力范围的要求，则应该委婉但坚决地拒绝。凡事都要先进行自我判断，不能什么都只顾面子，一辈子为面子所累，该拒绝的时候就要拒绝，特别是那些自己不愿意去做或是一些违反纪律的事，一定要拒绝，一定要敢于说"不"。当女孩遇到这种问题的时候，父母就要帮助她，劝导她勇于说出自己的想法，你可以说一些像"我认为应该拒绝他的要求""没有关系，向他解释一下，相信他一定会理解你的"等鼓励她的话，这样才能让女孩有勇气去拒绝别人。

怎样拒绝他人

父母要教育女孩，在拒绝别人的时候有时要和对方反复诉说原因，直到对方认可为止。例如同伴想玩你的玩具，而你现在还没有玩够，不想借给她，你就可以用商量的语气和同伴说："我现在还没有玩够呢，你再等半小时，半个小时之后再借你玩儿，好吗？"这样，就巧妙地拒绝了对方，也避免了一场不必要的冲突。

父母还可以教育女孩，在拒绝别人时，尽量用友好的、委婉的、平和的、商量的语气；同样也要学会泰然自若地接受他人的拒绝。

做个能言善辩的女孩

　　语言表达能力是每个人必须具备的基本素质，这是时代对我们所有人的要求。在女孩小的时候，父母就应重视培养她的语言表达能力，这对今后女孩的学习生活有着重要的作用与意义。

　　父母们可以通过不同的方式来锻炼女孩的语言表达能力，只要有机会，就鼓励女孩去参加学校组织的各种活动，以此锻炼和提高女孩的语言表达能力，让女孩成为一个敢说敢做的人。

在家里举办辩论赛

　　在家中，父母也可以与女孩组织一个家庭专题辩论会。可以通过一些话题，例如："要不要惩罚式教育孩子""现在的孩子是越来越坚强了还是越来越脆弱了""父母和孩子应不应该有完全的平等""未成年人进网吧是对还是错""好孩子与坏孩子的区别是什么""能否只以分数衡量人的真正水平"……这些都可以作为家庭辩论会的主题，通过这样的辩论会，女孩的表达能力就会越来越强，说话越来越有条理，思维越来越敏捷，从而更加能言善辩。

将争吵化解为辩论

父母在与女孩进行沟通交流时，难免会产生分歧，而这种分歧就会导致双方争论，甚至争吵。即使是再怎么和睦再怎么民主的家庭，也避免不了这种情况，但是父母可以把这种情况转化为辩论，引导女孩怎样去辩论，怎样说才能让别人明白你的感受，怎样说才能具有说服力。这样还能避免和女孩发生争执，让亲子关系更加和谐。

阅读，提高表达能力的最佳方法

在日常生活中，父母最好让女孩多读一些书籍，这样有利于促进女孩语言能力的发展。书中有大量词汇，许多优美的语句，特别是一些优美的古诗文，往往会在脑海中留下深刻印象，无形中提高女孩的理解能力和表达能力。

为女孩创造辩论的环境

父母为女孩创造良好的语言环境也很重要，家庭的熏陶对女孩的一生起着相当重要的作用。所以，日常生活中父母要尽量做到与女孩多沟通，引导女孩多和父母说话。当女孩怀着强烈的好奇心去问你一些问题时，你一定要耐心、热情地解答，这样不仅能满足女孩的好奇心与探索欲，还能够帮助女孩克服语言上的障碍，让女孩的口头表达能力得到提高。

女孩的语言表达能力并不是天生的，而是要通过父母的耐心培养才能锻炼出来的，只有不断锻炼，才能激发女孩自身语言方面的潜能，通过长期的辩论，你就会发现女孩的思维在敏捷性、灵敏性、多向性、流畅性方面有明显的变化，语言和情感的表达方面也会有显著提高，在演讲口才方面十分出众，对她今后的工作生活都会起到意想不到的帮助。

金口才，让女孩拥有美好的前程

伟大的诗人马雅可夫斯基曾经说过："语言是人的力量的统帅。"现在，说话、演讲、辩论已经成为现代人才必备的能力，不论是在面试、求职、开会、报告、演讲、销售，还是在日常学习、工作中，都离不开良好的口才。如果父母想让自己的女孩有一个成功的未来，那么，就一定要从小培养她的口才。

父母是女孩的第一任老师，需要随时有意识地培养她的口才，帮助女孩积累充足的资本。培养女孩的口才不像辅导她学语文、数学这些常规学科，需要父母花费更多的时间和精力去教导她，根据女孩的性格来找到辅导的入手点。

教会女孩说普通话

想要培养女孩良好的口才，首先要教女孩说好普通话。普通话是全国通用语言，是人与人之间沟通情感、探讨问题、交流思想的重要工具。一口字正腔圆的普通话是一个当代中国人素质的体现，也是良好口才的必备条件。

父母要想教女孩说好普通话，首先自己要说普通话。因为女孩从小学习语言的时候，主要就是靠模仿父母说话。若是父母满口方言，那么女孩肯定也是说同样语调的话。所以，父母必须努力提高自身说普通话的水平，给女孩做出正确的示范与榜样，注意平时就要用普通话与女孩进行对话，让她学到标准的普通话语音。若是女孩还有一些字词的发音不准确，父母就要结合日常生活的有关内容，对她进行反复训练，来强化她的记忆。

想要女孩能说会道，就让她尽情地说吧

父母一定要学会倾听，满足女孩诉说的欲望。每当女孩回家对父母讲述今天的所见所闻，将她认为有趣的、稀奇的事儿说给父母听的时候，父母一定要认真地倾听，并要用短句或是肢体语言让女孩觉得你听得很投入。如果父母们正在忙着做事没有时间去听她说话，就要用温和的语调跟她商量："看，妈妈现在正忙着呢！你再等一会儿，等我忙完坐下来再仔细听，好吗？"如果父母因为太忙就不耐烦地说："去去去！没见我正忙着吗？"那么就会让女孩觉得很失望，自己诉说的欲望受到了压抑，时间一长，女孩便不想说，这样就阻碍了她口才的发挥，所以，请父母们让女孩尽情地说吧。

让女孩在父母中间成为小"裁判"

女孩随着年龄的增长，心智逐渐地成熟，父母们也可以让女孩参加到大人的争论中，让她发表自己的观点，或者做父母的裁判，让她说出哪一方对，并说明理由。这些都是锻炼女孩口才的机会，让女孩觉得父母很尊重她，今后遇到问题时就会乐于和父母进行讨论，让女孩不论在什么时候都敢于说出自己的观点，这也是我们培养女孩口才的一个重要的目的。

给女孩在公众面前展示的机会

父母们除了在家中搞一些训练女孩语言表达能力的活动，还可以利用各种机会带着她走出去。例如亲友聚会，就可以让女孩在亲友面前展示自己的才艺，或是给他们讲一些故事；在与朋友或是同学联欢时，父母也可以带着女孩，让女孩当众表演节目，客串一下主持人；还可以让女孩去参加一些课外活动，在团队中展示自己的语言魅力。这些都会对提高女孩的口才起到明显的作用。

当女孩口才有了提高时，父母一定要及时给予表扬与鼓励，这样，女孩会更加有积极性，更加努力去练习自己的表达能力。

轻声说话，做个优雅的女孩

　　在中国人的传统观念里，说话声音的大小是一个人的教养问题，能够反映出这个人是否受过良好的教育。不论是不是在公共场合，都要让女孩学会有礼貌有节制地说话。我们应当将保持安静当做一种优雅的表现，把培养女孩轻声说话的习惯提上日程。

　　女孩要是长期生活在高分贝的地方，身体和心灵都会受到伤害。高声说话的时候容易心律加速，血压升高；而心灵则容易向低俗、粗鲁、不文雅的方向发展。在家中，保持安静尤为重要，没有人愿意天天听到别人的吼叫。

父母要为女孩提供一个安静的环境

　　在家里，若是天天都处于一种嘈杂的环境，不仅会影响女孩的听觉，更会影响她良好的情绪，以及在学习的时候是否能够集中注意力。一个人若是长期生活在嘈杂的环境中，性格容易变得烦躁不安、充满焦虑。本应无忧无虑、轻松自在的女孩，会过早地感染焦虑的情绪，不注意自己说话的语气，喜欢大声与人说话。因此，请父母们为女孩提供一个安静的环境，让女孩更好地成长。

女孩大声说话是为了吸引你的注意

有些女孩之所以喜欢大声说话，固然有一些遗传的因素，但主要还是受外界的影响。当女孩想表现自己，想和父母说说话时，有几个父母真正做到了认真去听、仔细去看？就是因为这些不在乎她的行为，导致女孩感到自己没有受到足够的重视，为了吸引你的注意，她就会很大声地说话，大声地与你争吵，又有多少父母体会到了女孩的用意？其实，女孩大声说话很容易改正，只要你多关注她，多留意她，她就会不再用这种方法吸引你的注意。

父母的榜样作用

请父母们仔细地反思一下自己，当和家人出现矛盾时，是不是也在大声地咆哮？当女孩犯错误或是与你的意见不统一时，你是不是也在大声地训斥她？父母永远是女孩学习的对象，她这种大声说话的做法不也是和你学的吗？当你在为孩子大声说话责骂她没有教养，没有礼貌的时候，有没有想过她为什么会这么做？她是跟谁学的呢？

父母的榜样作用不可估量，只要父母做到了，女孩自然而然也会受到这种气氛的感染，她也会通过你的改变发现自己的不足，所以，想培养女孩轻声说话，父母自己也要以身作则，理解女孩的想法，和女孩融洽地相处。久而久之，父母就会发现女孩说话的声音轻了，语调也更加柔和了，你就会发现女孩在待人待事时更加优雅大方，也会发现家中的气氛缓和很多，大声争吵减少了，欢声笑语渐渐地多了，女孩更加快乐地成长，说话也更加轻柔，真正成为一个优雅的女孩。

让女孩敢于说出自己的想法

提高女孩心理素质的一个特别重要的方面，就是让她说出自己的想法，这也是让女孩克服恐惧的最有效的手段之一，有助于提高女孩的自信心。

父母们会发现，很多女孩都有这样的性格特点，她们不善于在公众面前表达自己，这样就会失去很多锻炼自己的机会。例如有些有能力的女孩不敢公开演讲去竞选班干部，有些十分有才华的女孩不敢在众人面前表现自己多才多艺的一面，对此父母们十分困惑："怎么才能让她敢于站出来，向人们说出她的想法呢？"

鼓励女孩放胆去说

父母要有意识地去引导女孩将成功的原因归于能力足够，将失败归于努力程度不够、运气不佳等比较客观的因素。这样女孩在面对失败后才能不气馁，才能有勇气去坚持，才能更努力地去争取下一次成功。发现她进步的时候一定要表扬她的努力，当发现她胆怯的时候，要在一旁鼓励她大声地说出自己的想法。父母的鼓励很重要，能够增强女孩的自信心，使女孩的信心更加坚定，更容易走向成功。

父母在锻炼女孩放胆去说时，不能过于着急，不能一让她见到不熟悉的人就说话，或者将她带到一个特别严肃的场合去让她大声地讲话，这样会吓坏她，并且容易在心中留下阴影，让她以后更不愿张开嘴去说话。要让她从家里开始练习大声讲话，然后再让她和熟悉的人讲话，最后再鼓励她在一些轻松的场合大声讲话。这样才能逐步地锻炼她的胆量，使她的口才得到锻炼。

允许孩子说出不同的意见

孩子的表达能力与其所处的教育环境有很大的关系，我们国家的教育制度崇尚唯一的正确答案，你可以用不同的方法去解答，但是答案只允许有一个，这在很大程度上限制了孩子们的思维能力。美国是一个十分开放的国家，美国教师对学生的包容性很强，他们允许孩子说出不同的答案，他们喜欢那些能够说出不同意见的孩子，即便说错了也不会批评。例如，在课堂上，老师向学生提问："5 加 6 等于多少？"有个学生站起来说："10。"同学们都笑了，但是老师会赞许地说："非常好，已经十分接近了，再想想。"接着又站起来一个学生问："可以再说一遍题目吗？"老师于是又说了一遍。就这样，老师和学生完全处于一个宽松的教学环境下，学生们都敢于在公众面前表现自己，也喜欢在公众面前表现自己。

让女孩大胆去说吧，这样才能锻炼她做事的胆量。只有女孩大声地说话，勇于向父母们说出自己的想法，父母们才能从她的表达中，发现她的不足，并采取相应的措施，引导女孩向正确的方向前进。当女孩敢大声说话了，也就说明她有了自信，而自信正是她走向成功的必备条件。自信了，就会主动与父母进行沟通交流，也在潜移默化中锻炼了自己的口才。

Part 05
第五章

理财教育，给女孩一根"金手指"

在市场经济快速发展的背景下，高消费的场所越来越多，商场里的商品更是琳琅满目，女孩受到的物质诱惑也越来越多，于是很多女孩在花钱的时候缺少计划，甚至还在学校与同学互相攀比。为了让女儿能够健康地成长，许多父母将培养女孩的理财观也提上了教育日程。培养女孩的金钱观越早越好，这样才能让她今后正确地去对待金钱，正确地使用金钱，做金钱的主人。

财商，女孩必备的能力

财商就是指人理财的能力，特别是在投资和收益方面的能力。财商是一个人在财务方面的智慧，是一个人驾驭金钱和认识金钱所必备的素养。财商主要包含两个方面：一是正确地认识金钱及正确地了解金钱规律的能力；二是正确地使用金钱的能力。

中国人有句古话："从来富贵多淑女，自古纨绔少伟男。"就是说穷养儿、富养女。父母对女孩财商的培养，不仅可以让女孩正确地了解和使用金钱，更能让女孩在今后正确地去对待金钱的诱惑，所以是不可以忽略的。

培养女孩的财商必不可少

现代人不可或缺的三大素质就是智商、情商与财商。智商反映人的思维水平，在一般情况下的生存能力；情商反映人待人处事的行为，体现在社会中的生存能力；而财商则是人对金钱的看法与使用，是一种在经济社会中的生存能力。所以，父母们不能只顾着培育女孩的智商与情商，认为女孩还小，没有必要去培养她的财商。从小就培养她的财商，不仅对父母，对女孩也会有意想不到的收获。

让女孩知道理财的观念

女孩在物质上的要求，父母们都尽可能地满足，就算是对自己十分"抠门"的父母，也恨不得把最好的全都给自己的女儿。但是，若女孩的物质生活过于丰裕，会导致她根本体会不到世事的艰难，甚至到了成年都不懂得怎样去理财。父母们若是从女孩小的时候起就有计划、有针对性地灌输给她一些有关理财的知识，那么，女孩就能从小就拥有理财的观念，将来就会拥有正确的财富观。

告诉女孩钱来之不易

小女孩的钱都是不劳而获的，不是父母给的，就是亲朋好友通过各种名义送给她的，例如压岁钱、生日礼物、过节费、成人礼等等。如果女孩的钱来得太容易了，父母又没和她说清楚这些钱的来源与意义，就会让她觉得只要过年过节过生日，就应该给她钱。因此父母必须让自己的女儿知道，不管是父母给的钱，还是那些叔叔阿姨给的钱，都是劳动所得，来之不易。要告诉她，父母要赚钱养家糊口，钱里含有父母的辛劳，等到女孩长大了，也同样要承担养家的重任。

暖暖今年已经 10 岁了，从小就娇惯成性，如果满足不了她的要求她就撒泼，每个月都会花掉几百块钱的零用钱。

一天，暖暖看见隔壁邻居的小孩子有儿童电脑，就跑到妈妈面前说道："妈妈，我也要那个儿童电脑。"

"暖暖乖，家里不是有电脑嘛，玩家里的这个电脑就行。"妈妈耐心地和暖暖说着，可是暖暖依旧吵着闹着非要那个儿童电脑。

妈妈突然意识到，在自己的娇惯下，女儿已经养成了乱花钱的坏习惯，可这一下就让她戒掉是不可能了，只能慢慢来，于是，妈妈就对还在吵闹的暖暖说："你要是想买那个儿童电脑也可以，但是妈妈没有那么多的钱，要不你和妈妈合资去买，你出一半，我出一半，怎么样？"

"好！"暖暖点点头。

上述例子中，暖暖的妈妈对暖暖的要求没有强硬地拒绝，而是将这件事变成了一种教育的过程，教会女孩要学会攒钱，学会和他人沟通、合作。这样也是培养女孩财商的一种方法，让女孩懂得怎样存钱，怎样使用金钱。当然了，女孩的财商不是一两天就能培养而成的，父母要给女孩做好榜样，也要让女孩知道钱来之不易，在有机会的时候就告诉女孩理财方面的知识，让女孩从小耳濡目染，培养正确的理财观念。

训练理财能力，让你的女孩将来更富有

现如今，很多中国的父母不认同从小就培养女孩金钱观的做法，认为没必要将女孩纯净的心灵弄得满是"铜臭"。其实，事实并不是如此，从小就培养女孩的理财意识和能力，对她有着重要的意义。

当女孩长到两三岁时，她就可以听懂父母有关钱的讨论，与生俱来的好奇心就会驱使她忍不住去问父母和金钱有关的问题。这时，父母们一定不要回避，一定要借此机会为她讲解一些有关方面的内容，在不知不觉中给女孩灌输正确的金钱观。

让女孩和父母一起制定理财规划

父母可以让女孩在购物前与你们一起制定购物清单，并让女孩将她自己日常的消费计入家庭账册，让她自由支配她自己的小账户，并和父母一起制定理财规划。随着女孩年龄的增长，父母就要教女孩一些综合理财的技巧，组合不同种类的理财方式，用父母们自己的理财经验去引导女孩树立正确的理财观念。

告诉女孩金钱要取之有道

当女孩逐渐长大，父母就可以逐步增加她的劳动量，同时也为她提升相应的"报酬"的额度，让她在保持劳动积极性的同时了解财富增加的过程，让她明白财富需要"取之有道"。但父母们要注意一点，不要为了让女孩达到自己所预期的目标就滥用奖励，例如对她说"如果你这次期中考试数学得100分，我就奖给你50元"等。

培养女孩的储蓄观念

现在，由于家庭的生活水平不断提高，很多女孩只要伸手向父母要就会得到不少钱，这就让她体会不到金钱的来之不易，没有储蓄的意识。长此以往，就会养成不良的消费习惯。所以，父母应从小就培养女孩的储蓄观念，教会她一些简单的储蓄方法。比如，某天女孩想要个洋娃娃，要是洋娃娃90元一个的话，父母就可以告诉她："你可以买洋娃娃，但是我们规定好一天只能给你10元钱，等到攒齐了购买洋娃娃的90元钱，你就可以去买它。"像这样，就会使女孩萌发储蓄观念，让女孩懂得储蓄的重要性。

树立女孩正确的金钱观

父母们不要认为女孩还小就不和她说有关金钱的问题，其实，孩子对金钱有着浓厚的兴趣，这种兴趣与生俱来，早期就帮助女孩树立正确的金钱观，对女孩今后理财的能力和技巧有着不可估量的潜在作用。

父母对金钱的态度影响着女孩的金钱观，父母是女孩的第一任老师，更是女孩在小的时候模仿的对象，父母的行为及观念会在无形之中影响着女孩。所以，父母要常常考虑到自己的言行及思想是否会给她带来负面影响，父母若是希望女孩能够达到自己的期待值，就要从自身做起，自己为女孩做出良好的榜样。

压岁钱的使用，是培养财商的重要一课

一到过春节，孩子们最高兴的事就是领到长辈给的压岁钱。随着家庭生活水平的提高，孩子们领到的压岁红包的分量也越来越足。怎样引导自己的女儿正确地认识和使用压岁钱，通过压岁钱来培养女孩的财商，已成为父母们必做的事情。

压岁钱容易给女孩造成一种错误的认知，让她觉得钱来得十分容易。很多女孩花钱大手大脚，花钱的时候从来不心疼，就是出于这样的认识造成的。所以，无论是放任女孩随意花钱，还是帮女孩代管压岁钱的做法都是不合适的，因为这两种做法并没有触及问题的根源――让女孩正确认识金钱。

通过压岁钱培养女孩的财商

家长父母要教育女孩管好、用好自己的压岁钱，就必须从小就给她灌输理财的意识与金融的概念，具体可以从储蓄教育入手，例如让女孩从小就熟悉储蓄方面的知识，让她懂得储蓄和储蓄利率。父母还要告诉女孩储蓄的方法和种类等，并鼓励她开设自己的储蓄账户去存钱、取钱、用钱，这样就可增强她的财商。

父母们必须要让女孩知道压岁钱不是白来的，也是长辈们辛苦工作赚来的，让她知道长辈们给的不仅仅是压岁钱，更是一种对女孩的爱惜和奖励的表现。要让她知道，长辈们给的这些压岁钱不是让她乱花的，而是让她利用这笔钱更好地学习和生活。

父母要让女孩明白"花钱容易挣钱难"的道理，了解金钱与劳动的关系，并帮助她树立正确的金钱观，从而养成节俭的好习惯。父母还可以同女孩一起制订压岁钱使用计划表等，如压岁钱的 10% 可以作为女孩春节期间的开销，10% 用于置办学习用品，剩下的80% 就作为长期储蓄，通过这些简单的制定压岁钱使用的计划，对女孩进行理财教育。

让女孩了解一些理财知识

根据女孩的不同年龄，父母要对女孩采用不同的教育方法。对小学较高年级的女孩，父母应从怎样让她有计划性地使用钱、怎样省钱等方面入手，并教会她如何计算储蓄利息，培养她树立正确的钱的增值观。而对初高中的女孩，父母们除了向她普及一些储蓄的知识外，还要教会她使用银行卡、基金等一些简单实用的金融工具。

初一学生陈月的家境不错，每年都能收到几千元的压岁钱。"我每年都会把压岁钱存入银行，再利用这些钱购买'基金定投'，去累积更多的财富，这就可以作为我以后的教育金，帮我的父母分忧。"陈月说。

早在陈月小学三年级时，她就在妈妈的帮助下到银行开设了一个自己的个人账户，并使用零存整取的方式将自己的零花钱和压岁钱存到银行。在五年级的时候，她就已经和妈妈一起开始购买"基金定投"。

"通过这几年的投资，我不仅懂得了金钱是通过父母的辛勤劳动换来的，我一定要勤俭节约，还懂得了如何让财富积少成多，而理财恰恰可以让财富增值。"陈月高兴地说。

制定零用钱清单，增强女孩的理财能力

孩子之所以会浪费钱，最根本的原因是他们对金钱没有正确的认识，不知道该怎样花钱，而这种不良习惯会一直延续下去，对他们长大以后的生活产生影响。从这个方面来说，教导孩子正确使用零花钱，是训练孩子理财能力的第一课。

培养女孩有计划地花钱，就要让她明白自己的零花钱应该怎么使用，需要消费在哪些物品上。然后让她从中区分出什么是自己生活中的必需品，什么是奢侈品。让孩子将自己需要消费的物品类别分清楚，才能让她制订出更加适合自己的消费计划。

正确地引导女孩使用零用钱

父母要教会女孩如何有计划地花钱，就要从她有自己的零用钱时开始。越早让女孩学会理性地花钱，也就越早让她进入有效理财的领域中来，就能越早培养出女孩有计划的、合理的消费习惯。这对女孩将来的理财来说有很多好处，一定要让女孩学会做金钱的主人。

通常情况下，父母们可以在女孩上初中时开始按月给女孩零用钱，让女孩自己去支配这些钱，并逐步引导她怎样才不会出现赤字。当女孩渐渐掌握如何去使用零用钱后，父母就可以按年来给女孩零用钱，并让女孩通过储蓄或是购买基金的方法管理这一笔数目不小的钱，获得更多的财富。

王心从上小学时每星期都有十块钱的零用钱。每次妈妈都是在星期一时给她，可每次都是不到三天就会被她花完。

妈妈发现了这个问题，就询问了一些邻居家的孩子，确定大家的零用钱数额都差不多。经过一段时间的观察后发现，原来是王心缺乏计划性，不会合理安排自己的零用钱。

妈妈便对王心说："乖女儿，想不想一周都处在有零用钱的状态？"

王心点点头说道："当然想了，可就是不知道为什么总是这么快就没有了。"

"那从现在起要每天都为零用钱记账，把你的每一笔花销都详细地记录下来。这样就能知道你的这些钱都干什么了，是怎么用出去的。还能够查出你现在哪些钱是必须花的，又有哪一些是不必要的，这样你就可以通过记账来改正自己的这个不好的习惯。"妈妈语重心长地对王心说道。

王心按照妈妈说的坚持了一个月之后，终于做到可以很好地支配自己的零用钱，甚至有时候还会有一些节余了。

让女孩参与制定家庭采购清单

和孩子一起给要买的物品分分类，看看哪些东西属于个人用品，例如爸爸的刮胡刀，妈妈的围裙，还有乖女儿的布娃娃；哪些是属于家庭公用的物品，例如洗衣粉、扫把、修剪阳台上的花草的剪刀。属于个人用品的那部分，不能通过付酬进行。唯有家庭公共事务，可以明码标价。甚至可以把记录账目的工作也交给她，让她记下这个月爸爸下楼取了 20次牛奶和报纸，妈妈承包了照料花草，而她自己则在大扫除中表现突出，到了月底，按照每个人的劳动量领取一定的报酬，一家人其乐融融。

父母帮助女孩制定采购清单，这不仅可以控制住女孩的购买欲，还可以让她知道哪些该买，哪些不该买，这就免去了消费超支的现象，教会了她怎样合理消费，不会出现零用钱不够花的现象，同时也培养了女孩的理财能力。

善于理财，优秀女孩必备的素质

古人云："授人以鱼莫如授人以渔。"给女孩再多的钱也不如教给她支配钱的能力。人的一生都离不开消费，因此父母就需要从小培养女孩正确的消费观和理财观，这对女孩的一生都有积极的作用，今后才不会成为一个视钱如命、见钱眼开，或是挥霍无度的人。

从表面上看，理财只是一项经济活动，但是理财也是一种理性的行为，在理财的过程中，人们能够认识到收支平衡的重要性。教女孩学习理财，不仅可以让女孩学会利用金钱，还可以让她变得更加理性，而这种有计划的态度又可以延伸到生活的其他方面，进而对她的整个生活产生积极影响。

如何让女孩学会理财

父母一定要让女孩正确地认识金钱，让她明白随意挥霍金钱是一种不好的行为，一旦发现女孩乱花钱就要对她进行警告，还可以通过减少她的零用钱的方式对她进行惩罚；当发现她表现良好的时候，一定要及时对她进行鼓励与表扬，让她有信心将这一良好的习惯延续下去。

另外，父母还要培养女孩的自制力。因为孩子的自制力都比较差，就算她明白乱花钱不好，也还是有可能管不住自己，而这时，就需要父母的帮助和引导。可以和女孩一起制定零用钱使用计划表，让女孩承诺要按照计划表执行，父母给予女孩适当的鼓励，这样就能有效地克制女孩的购买欲，让她按照计划来做。坚持一段时间，你就会发现女孩的进步，就会发现女孩可以合理利用零用钱，变得善于理财。

　　培养理财观念有很多种方式，例如当女孩有了一笔数目不小的钱时，可以让她去开一个属于她自己的银行账户，让她对资金资本等有一些初步的概念；还可以让女孩将自己不用的物品或是自己制作的物品卖给同学或与同学进行交换，让她在这一卖一换中体验经营理财的知识。

克制女孩花钱的欲望

　　孩子的自制力有限，尤其是小女孩，每当她看见一些漂亮的小玩具或是小饰品的时候就会忍不住想买，因此教会女孩克制花钱的欲望才是最根本的。父母不要因为女孩买了一次东西就责骂女孩，想一想，自己有时不也是控制不住购物的欲望吗？父母要做的是让女孩认识到乱花钱的负面效应。

　　科学研究证明，3岁左右的孩子已经有了自我意识，希望独立，也希望得到父母的认可，这时就可以对她进行初步的理财教育了。等到她长大一点，知道金钱的作用和面额的大小以后，父母可以每天给她1块钱，让她自由支配，购买自己想要的东西。等到她习惯了"每天一块钱"的规律以后，实际上也就是接受了初步的理财教育。

　　正如卢梭所说："金钱是使我们获得更多自由的工具，过分地追求金钱就成了它的奴隶。"作为女孩的第一任老师，父母有义务、更有责任去教导她怎样管理钱财，引导她树立正确的金钱观，逐步将她培养成为善于理财的优秀女孩。

理财方法，让女孩知道零用钱该怎样花

　　父母在女孩小的时候就对她进行理财教育，帮助她树立正确的理财观念，对她今后的成长有着很重要的影响。但是理财毕竟需要一定的方法，对于尚未懂事的小女孩来说，这需要长期的学习。

　　理财方法有很多，最常见的有储蓄、保险、股票、债券等等。对于涉世不深的小女孩来说，她们不需要去购买那些复杂的理财产品，父母也不指望她们能够从中赚取高额的利润，因此小女孩的理财方法主要还是集中在零用钱的使用上。

让女孩知道如何花钱

　　有的父母对女孩的管束十分严格，认为女孩还没有长大，没有管理钱的能力，平时一分钱零用钱也不给她，不论什么事都亲力亲为地为她代办。其实，父母可以适当地给女孩一些零用钱，这样才能让她有财可理，才能通过她平时的使用方式，找到她的缺点，才有利于父母及时帮她改正。

　　在人们的印象中，英国是一个非常富裕，人民生活非常讲究的国家。在很多人看来，英国的人们都是彬彬有礼，出手阔绰，十分具有绅士风度，他们教育子女的方式也是贵族式的教育方法。然而，人们在看到这光鲜亮丽的一面的时候，却没有注意到英国人在理财方面的吝啬。英国人也有保守的一面，而且是近似于顽固不化的那种。在英国人看来，理性消费是生活应有的态度，他们鼓励精打细算，并且把这种传统看法一代代延续下去。他们对子女说，能省的钱不省是件很愚蠢的事情。英国的孩子在 5 ～ 7 岁时已经对金钱的不同来源有了大致的了解，并且开始学着管理自己的零钱。

我们应当学习英国人对待理财的态度，教导子女理财的知识。当女孩上小学时，父母就应该给她一些零用钱，让她自己去支配。例如，女孩每月的零用钱为 30 元，如果父母和女孩商量好每个月只花 10 元，那么，父母就不应该干涉女孩用那 10 元买了什么，而女孩要花那剩下的 20 元就必须和父母商量。

让女孩学会货比三家

孩子们也经常会在学校送同学或老师一些礼物，当女孩想从储蓄里动用一点钱购买小礼物送给家人、好友或同学时，父母应该支持她这种行为，并和她一同探讨消费的用途和所用金额。在这期间，父母们就可以趁机教导女孩学习看物品的价格，购买相应额度的质量较好的物品，学会货比三家，不要一看到心仪物品不问价格就购买。

成人生活开支的训练

当女孩长大一些之后，父母就可以让她进行成人开支的模拟。因为现在的女孩都是家里的小公主，父母们都不愿让女孩去承担家里的生活负担，可是，当她长大后面对自己的各种日常开支，就会束手无策。为了她今后能更从容地面对这一切，父母不妨在她小的时候就让她自己买一些生活用品，为家里买菜、交电话费、交水电费等等，让她提前感受到这些日常的开支，等到她成熟了，父母就可以将家庭账簿给她看，让她了解家里的钱是怎样开支的，这也有助于她今后管理自己家庭的财政。

在管教女孩时，父母一定要在一些细节方面对女孩进行教育，包括购物时看价格，让女孩知道父母在消费外，同样也有储蓄的习惯。此外，父母不要在女孩面前炫耀名牌，以免让女孩变得贪慕虚荣，拥有攀比之心。最重要的一点就是，父母一定不要用金钱或物质代替陪伴自己女儿的时间。

每个女孩都应有个梦想储蓄罐

每当逛商场的时候，女孩看到琳琅满目的玩具、五彩缤纷的糖果、精致漂亮的衣服，就会满心欢喜，控制不住想要购买的欲望，时不时地说想要这个想要那个，希望得到满足。其实，父母们可以答应女孩的这些要求，但不是一下子满足她，而是让她将自己的这些愿望储存起来。

怎样让女孩储存愿望呢？其实很简单，每当她希望得到一些东西时，父母就让她将自己想要的东西写出来，放入她自己的愿望存钱罐里。例如，女孩想要一台学习机，就可以在纸条上写上"学习机"；想吃一顿肯德基，就在纸条上写"KFC"……像这样，当女孩表现得好或是平时累积的零用钱存够了数额，父母就可以和她去完成一个愿望。

积攒零用钱，让女孩学会积累资本

想要实现储蓄罐中的梦想，当然离不开钱的支持，这就需要女孩自己平日去积累。每次发放零用钱的时候，父母可以让女孩规划一下这笔钱要怎么花，买了一些有用的物品后就可以把剩余的钱存起来，这样也有利于她实现梦想。而且，女孩有了精神目标就会控制自己乱花钱的欲望，久而久之，就会养成不随意花钱、合理使用零用钱的好习惯。

压岁钱，累积梦想的最高筹码

每当过年时，亲戚长辈就会给女孩很多压岁钱，父母要负责任地告诉女孩，长辈们给的压岁钱表达的是对你的一种疼爱和祝福，这钱也是长辈们通过辛苦劳动获取的。这样，就让女孩明白钱并不是白来的，应该把这些钱用到有意义的地方去，这样才不会辜负父母们的期望。在女孩有了这种想法之后，她就能正确地看待压岁钱，不会随意乱花，将这些钱存起来去完成自己的梦想。当然，若这笔压岁钱的确是笔不小的数目，父母们可以通过这笔钱与女孩一起完成一个比较大的梦想。

小劳动，换来大梦想

父母们可以通过让女孩劳动来换取零钱，例如让她叠衣服、扫地、浇花、收拾碗筷等，让女孩做一些力所能及的家务，来换取一元、两元的奖励基金，这不仅能让女孩体会到自己挣钱的喜悦，也能让她知道挣钱的不易。父母还可以引导女孩收拾家中的废旧书籍、报纸，以及家中的饮料瓶，将这些废旧物品变卖回收，将变卖的钱也放入女孩的梦想基金。这样不仅可以让女孩体验到这种经营的乐趣，提高她的财商，还可以从中树立女孩的环保意识，让她懂得勤俭节约。

其实，为女孩设置一个梦想储蓄罐，也是为了教育女孩并不是想要什么就能够得到什么，让她在等待梦想实现的过程中，渐渐地接受现实；让她知道，天下没有免费的午餐，不可能所有人都只顾着你，只有自己付出了，才会得到回报；让她学会耐心地去等待，知道"鱼与熊掌不可兼得"的道理，这对女孩心智的发展有着至关重要的作用。

女孩在通过努力逐渐实现梦想的同时，理财能力也会得到提升，并懂得钱的来之不易，懂得如何合理消费。不仅能克制花钱大手大脚的不良习惯，也能更加善于理财，以最经济适用的方式满足自己的需求，从而更好地成长。

尽早树立女孩正确的金钱观

现如今，市场经济快速发展，一些高消费的场所也越来越多，商场的商品更是琳琅满目，连学校门前的小商贩也越来越多。父母们都要求自己的女孩勤俭节约，可是面对如此多的诱惑，女孩岂能控制得住？许多父母都在为孩子的高消费感到无可奈何，其实，这就需要提早树立女孩正确的金钱观。

现在生活条件好了，又都是独生子女，父母们恨不得把家中的小公主宠上天，尤其是爷爷奶奶那一辈，更是女孩想要什么给什么。为了我们的小公主能够在今后有所成就，能够健康地成长，父母们必须要帮助她建立正确的消费意识，树立正确的金钱观，引导她正确使用金钱。

让女孩学会正确地看待金钱也是对女孩的一种爱

有些父母会认为，自己小的时候没有得到过这些，等到自己孩子这一代，就想要把以前没有得到的所有好的东西都给自己的女儿，她想要什么就给她什么，十分溺爱她。可是，你们有没有想过，再丰富的资源也会有干涸的时候，只有慢慢培养出她正确的金钱观，才能使这些资源细水长流一直延续下去，更何况，当今社会，一定要让女孩学会正确看待金钱，能够抵挡住任何的诱惑，这样才能美化女孩的心灵，让女孩更加健康地成长。父母们不要认为培养女孩的金钱观没有必要，其实，这更是对女孩一种负责任的爱。

家庭经济的透明化有助于女孩正确金钱观的培养

还有一些父母为了让女孩能够合理消费，经常会用"买不起"之类的借口来搪塞她买东西的要求，这样做只能增强女孩的购买欲望，并不能让女孩真正理解为什么不能买。父母们完全可以直截了当地告诉她"我们有比这个玩具更重要的东西要买"。

其实，父母与女孩之间最好能做到经济的透明化。这样她就会了解家里的钱都干什么了，懂得家中的经济负担。让女孩看家庭账本，就会让女孩觉得父母信任她，她就不会在金钱问题上和父母撒谎，这样也有助于女孩形成正确的金钱观。所以，父母们为了更好地让女孩了解金钱和消费的关系，就将家庭账簿大方地给女孩看吧！

让女孩明白"礼轻情意重"

在平时，亲戚朋友之间的来往少不了给对方的孩子买些礼物，同学之间也会常常涉及钱，例如，和同学吃饭、互送生日礼物等等。由此可见，只要是人际交往或多或少都会和钱沾边。所以，父母更应该提早帮助女孩正确对待金钱与友谊、情感之间的关系，一定要让女孩懂得：人与人的经济水平和条件都有所不同，想法也不会一致，而人与人之间的情感更不能用金钱来换取与衡量，不论是谁给你的礼物或金钱，不论好坏多少，都要心存感激，对于那些没有给你的人，你也要给予理解和尊重，一定要明白礼轻情意重的道理，不要用金钱去衡量别人。

参与家庭财政，让女孩学会如何理财

许多父母都有这种感觉：女孩总是今天要钱，明天也要钱，不是买这就是买那，每月合起来比父母两个人的花销还要多。其实，女孩之所以这样就是因为她不了解挣钱的辛劳，所以，父母们不妨让女孩参与家庭理财，让她也来体会一下父母的感受。

父母们可能不知道，若是让女孩参与家庭中的财政管理，会增强她对家庭的责任感。其实，让女孩知道父母每月挣多少钱，日常支出会用多少，有多少用于突发事件时的备用金，还要剩多少用于其他备用。让女孩懂得这些，就会不由自主地为家庭理财想办法，出主意，再加上父母们正确地引导，就会让女孩走出高消费、乱消费的误区。

让女孩也参与家庭理财

父母们要知道，教女孩理财，其实就是教她怎么过日子。让女孩也参与家中的重大财务决策，就会让女孩觉得父母很重视自己，自己是家庭中的一员，让她有强烈的想当家做主的感觉，就会尽心尽力地作出自己的财务决策。比如家中想买大型电器、汽车等，都可以让女孩参与商议和决策。

从小学开始，爸爸妈妈就让静静参与家中所有重要财务决策的讨论，每人各执一票，有两个人同意就算通过。

一天在商场购物，爸爸看上一个手包，非常喜欢，可是妈妈却觉得有些老气，就问静静的意见，静静左瞧瞧右看看，说道："这包挺适合老爸的呀！"最后二比一，爸爸终于欣喜地买了这个包，高兴地说道："乖女儿，老爸真得谢谢你，要不然这包就买不成了。"静静听后十分得意。

由于2008年起实行车辆尾号限行的规定，导致每周都有一天不能开车上班，妈妈因此每周都有一天要挤公交车，十分不方便。为了方便妈妈出行，爸爸希望给妈妈再买一辆车，可是妈妈为了省钱不愿再买。静静却说道："妈妈，买辆新车吧，这样才能挣更多的钱呀！"最终妈妈还是买了辆新车。

参与家庭财政，让女孩更加独立

父母们不要总是拿女儿当小孩子看待，不要认为她什么都不懂。现在网络发达，获得资讯越来越容易，即使你不告诉她，她也会通过其他渠道知晓，你若是将她当作大人来对待，让她切身参与家庭理财，这也是在教给她持家之道，对她今后能够独立生活有很大的好处。

家庭理财，教会女孩怎么花钱

由于现在家中大都是独生子女，所以父母们都很重视女孩的健康与教育，为了培养女孩的财商，有些父母甚至将孩子送到专门的培训机构。其实，在我们的日常生活中就能教育女孩，让女孩投入到家庭理财中，就能让她懂得父母挣钱的不易与花钱要花到位的道理。女孩的通病就是购物的盲目性，看见什么都想买，如果让女孩和父母一起在家庭购物前制定购物清单，就能让她也学会这么做可以省钱的道理；如果父母每月都与女孩讨论如何进行家庭开支，就能够让女孩知道花钱之前一定要有计划；如果父母能在购买一些大的物件或是奢侈品时与女孩商量，就会让女孩知道花钱要花到有用途的地方去。

其实，每个父母都希望自己的女儿合理花钱，会过日子，这也需要父母的言传身教，这样，才能让女孩在潜移默化中学到如何去看待金钱，怎样合理地使用金钱，在今后才能做到生活上与经济上的独立。

告诉女孩，自己赚钱比伸手要钱更好

如今，父母对女孩的理财教育才刚刚时兴，很多父母都不知道该如何对她进行这方面的教育。其实，适当地让女孩参与一些家庭投资理财的活动，让她独立去处理她自己的存款，这也是一种理财教育。但父母们要注意，在培养女孩财商的同时，一定要先帮助她树立正确的金钱观，不要让她成为金钱的奴隶，建立健康的钱与人之间的关系。

很多父母都希望自己的女儿能热爱劳动，能够尽早地学会独立自主、自力更生。但是，想法虽好，成效却不大，主要还是因为父母难免心疼、溺爱自己的女儿，舍不得让她劳动，导致她比较懒惰、好逸恶劳。

家庭造就女孩的金钱观

不知道现在的父母有没有发现这个问题，当给了女孩零用钱后，女孩要么很快就会花掉，要么就是掉进钱眼里了想要更多，有的女孩甚至会在给你端茶倒水后就跟你要钱。当遇到这种问题的时候，父母一定要让女孩正确看待金钱，告诉女孩钱不是万能的，钱买不来亲情和友情，更不能用别人给你钱的多少来衡量他对你的好坏，让女孩明白金钱不能取代精神上的需求，例如女儿给妈妈端茶倒水，这体现的就是一种女儿对妈妈的爱，不要用金钱去换取这种爱意。

让女孩体会到挣钱的辛苦与喜悦

女孩虽然还没有能力去挣钱，但父母也要通过各种途径让女孩了解到挣钱的不易与辛劳，树立起女孩花钱要自己挣的理念，让女孩懂得只有自力更生才十分光荣，这就会促使女孩去劳动。

琪琪的爸爸很重视对孩子理财方面的教育，每次给琪琪零用钱后，爸爸都会耐心地告诉琪琪："琪琪，你要知道这些钱不是白来的，而是通过爸爸妈妈的辛勤劳动挣来的，你要明白，只有在花通过自己劳动换来的钱时你才会最快乐，你要用自己的劳动去挣钱，懂吗？"

琪琪认真地点点头："爸爸，琪琪知道了，琪琪一定要通过自己的劳动和努力去挣钱。"

这样，琪琪不但很早就知道金钱是通过劳动换来的，而且还会主动地为妈妈做家务。她根据爸爸妈妈的要求，将所规定的义务劳动做完之后，又做了爸爸给她安排的有报酬的劳动。这样，琪琪的许多零花钱都是通过自己的额外劳动而获取，她觉得十分开心与自豪。

爸爸妈妈看到女儿能够知道要通过劳动挣钱，而且能把劳动和义务分开，都感到十分欣慰。

让女孩学会自力更生

父母们要鼓励女孩钱要自己挣，并教她学会用自己的劳动去挣钱，给她提供劳动的机会，同样，还要让她明白自己的责任与义务，不要做点小事就要钱。父母们一定要养成女孩爱劳动的好习惯，这样才能让她今后的生活能够自力更生；父母也要告诉她要自己挣钱，这样她才能不会总是依赖别人，也能让她在挣钱中体会到挣钱的艰辛与挣钱之后的喜悦，明白父母挣钱的不易，就会慢慢改掉乱花钱的毛病，在今后才能有所作为。

培养女孩节俭的消费观念

有一句话说得好："需要的东西千金都值得，不需要的东西哪怕一分钱都是昂贵的。"其实，这句话就是教育女孩要用有限的钱，买有价值的物品，买自己最需要的东西，而不是随意购买或是盲目攀比，一定要培养女孩勤俭节约的美德。父母们可以带着女儿一起去购物，让女孩在言传身教中形成正确的消费观，并逐渐使她养成勤俭节约的好习惯。

父母们是否也都发现，现在的女孩，大部分不懂得节俭，花钱大手大脚，任意浪费的现象十分严重。有一所小学，在失物招领屋中堆满了物品，大到孩子的皮夹克，小到铅笔、橡皮，学校对这些物品进行多次失物招领的广播，都没有孩子去认领。在一次家长会上，老师讲述了这件事，说如果再不认领就会当废品处理了，但也只有几个父母带着孩子去认领。这种情况不得不引起父母们的深思。

让女孩懂得金钱的来之不易

女孩吃穿都是父母给的，她并不能体会到父母挣钱的辛劳，想要女孩了解挣钱的不易，就要让她去体验，例如，让女孩在家中干一些力所能及的家务，父母就可以给予她一定的物质奖励，然后让她自己去支配自己的所得。当她体会到来之不易时，她就会懂得珍惜。

一天，妈妈带着刚上小学一年级的女儿果果去逛街，在一条繁华的街道上，有一位老爷爷在卖《北京晚报》，妈妈交给果果5元钱并说道："果果，上那个老爷爷那里买10份《北京晚报》好不好？"

果果点点头飞快地去买了晚报，买完后，妈妈和果果商量说："果果，现在咱们把这些晚报按原价卖出去，看看能不能很快卖完。好不好？"果果开始有些不知所措，但是在妈妈的帮助下，花了很长的时间终于将晚报卖了出去。

然后，妈妈又让果果问了那个卖报的老爷爷一份报纸可以挣多少钱，在得到答案后，果果回家就算了一笔账，原来自己花了那么长的时间才挣了几毛钱，之后，果果对妈妈说道："妈妈，我以后不能再这样乱花你们的钱了，挣钱太不容易了！"

妈妈肯定了果果的想法，并表扬了她，从此，果果真的改掉了乱花钱的毛病，变得懂得节俭。

让女孩养成节俭的好品质

父母们要知道，女孩的消费行为是由被动逐步变成主动的，所以，当女孩在小学低年级时，就要教她买东西，教她怎样用钱，怎样找钱，怎样购置一些物有所值的物品。要教会女孩把自己的财物保管好，防止财物丢失、被盗。随着女孩年级的升高，父母就要让她学会先制定好购物清单再去花钱，让她逐渐养成这样的习惯，避免她盲目消费。还可以让女孩当一天或是一周的家庭主人，并让她记录家庭支出，这也是一种教导女孩学会理财、培养节俭品质的好方法。

Part 06
第六章

赏识教育，
看到女孩的每一点进步

女孩需要父母的倾心关注，真诚欣赏，赞美赏识。你的倾心关注，能让女孩在时刻感受到你的关怀的同时，体会到你的辛勤与奉献；你的真诚欣赏，能让女孩在感受到自己的优点的同时，体会到你的尊重；你的赞美与赏识，能让女孩在认知到自己不足的同时，体会到你的用心良苦。赏识，让女孩进步得更快；赏识，让女孩更加自信；赏识，让女孩更加勇敢。

女孩更需要父母赏识的目光

父母在女孩还不懂得什么叫赏识的时候，给了她无尽的赏识与鼓励，但当女孩需要鼓励与赏识的时候，父母给她的却是训斥与批评。也许父母们认为只有受到鞭策的孩子才能走得又快又稳，才能激发出她的潜能，其实，每个孩子的潜能都是通过父母的赏识去发现、通过鼓励去唤醒的。

常言道："知女莫若母。"父母们每天都在与自己的女儿接触，自然就会比较了解女孩的生活习惯，但是未必能很清楚地了解女孩的内心。由于缺乏这方面的了解，父母们便总是强迫女孩，当总是达不到预期目的时，就会看不到她的进步，总是一味地指责她、错怪她，就造成了女孩心灵上的创伤，让她变得更加胆小怕事，或是走向极端的叛逆。

父母的教育方法主导着女孩的性格

在现实生活中，有相当一部分女孩缺乏自信，认为自己能力不够，在什么方面都不如别人，不敢在集体场合大胆表现自己，不敢踊跃参加集体活动，对自我的评价相当低。有的为了逃避在公共场合的表现，不听从老师的安排；有的在面对困难的时候总是逃避，认为只要逃避就能避免挫折。

为什么现在的女孩变得越来越没有胆量了呢？小时候那个活泼开朗的小姑娘怎么不见了呢？为什么女孩越长大就越没有出息了呢？大部分的原因还是因为父母教育的失误，也许父母认为在女孩小的时候需要表扬，长大了表扬她她就会骄傲，就会停滞不前。其实，女孩越长大就越需要你的鼓励、肯定与赏识，这样才能让女孩有自信去面对一切，在你赏识的眼光中努力做到最好。因此，请父母们改变一下教育的方法，适当表扬女孩，经常鼓励女孩，赏识女孩的每一点细小的进步，这样才会让女孩拥有积极向上的性格，让女孩更加快乐地成长。

要关注女孩的心理发展历程

现如今，越来越多的孩子心理出现问题，其主要症状是抑郁、焦虑、强迫症和神经衰弱等。究其原因，主要是由于家庭因素。请父母们关注自己的女孩心理的发展历程，不要只知道女孩的分数，要多给她肯定与鼓励，这样才能让她拥有良好的心态，能够健康成长。

欣赏，让女孩更加健康快乐地成长

女孩对自己的看法完全取决于外界的评价，特别是自己的父母，父母的每一句话甚至是每一个眼神，都能对她产生不可估量的影响。因此，父母们不能总是责骂、批评自己的女儿，要去欣赏她，还要通过欣赏对女孩建立全新的认知，从各个方面分析她的心理，掌握她的优点与不足，让女孩能在你欣赏的目光中拥有更多的自信。但赏识也要适度，这样才能让她知道自己的优点并能给予巩固，了解自己的不足并给予纠正，让女孩更加健康快乐地成长。

父母的肯定与鼓励至关重要

一句鼓励的话可以让人更加努力，一个鼓励的眼神可以让人更加坚定自己的信念，一个鼓励的拥抱可以让人更加自信地面对明天。鼓励总是会出现意想不到的效果，而鼓励自己的女儿，能激发她潜在的能力，让她变得更加优秀。

孔子曰："知之者不如好之者，好之者不如乐之者。"鼓励会让女孩从"好之者"变成"乐之者"，父母的鼓励可以让女孩有勇气去面对更多的挫折，有信心去战胜困难。鼓励是让女孩进步的阶梯，是打开女孩潜能的钥匙。因此，父母要学会鼓励自己的女儿，让她在鼓励中茁壮成长。

女孩很在乎父母的评价

由于女孩的心智尚未成熟，她对自己的认识全部来自周围的评价，她在周围人的肯定与否定中认识自己，不断寻找正确的方向，不断进步。而父母的评价对女孩的影响最为深刻，她认为父母眼中的自己就是真实的自己，父母认为自己是什么样自己就是什么样。当父母用肯定与鼓励的眼光看待她时，她就会将事情做得更好；当父母用否定与批判的眼光看待她时，就会让女孩内心不愉快。正面评价会起到激励的作用，使女孩努力改正不正确的作为；而过多的负面评价会让女孩越来越缺乏自信，产生自卑心理，或者越来越叛逆，什么都与父母对着干。

由此可见，批评在一定程度上的确能起到激励的作用，但副作用也很大，如果掌握不好分寸，反而会让女孩变得不如从前。而鼓励却能起到积极的作用，让女孩更加积极向上。所以，父母们在评价自己的女孩时，一定要以肯定与鼓励为主，批评为辅，这样才能让女孩在良好的心态中认知自己，改正不良习惯，提升自己的潜在能力。

父母不能空泛地鼓励女孩，不准确的鼓励不能让女孩信服，只有针对恰当的事件对女孩进行鼓励，才能让鼓励起到有意义的作用，才能让女孩更有信心。父母需要正确利用鼓励，这样才能让鼓励发挥强大的作用。

鼓励要及时

任何人在做了好事或获得成功的最初阶段，都希望得到他人的认可与鼓励，更何况是年幼的女孩。父母们在这个时候鼓励她，才能真正起到正面影响，过一段时间后，女孩就会对这件事情有所淡忘，当时的喜悦感就没有那么强烈，渴望得到鼓励的欲望就没有那么强大，那时候再去鼓励她就不会起到任何作用。因此，父母要及时鼓励女孩好的作为，让她在鼓励声中更加自信地成长。

父母要善于发现女孩的优点

有的父母可以教育出很杰出的孩子，有的父母则把自己的孩子教育得很失败，同样的孩子，上同样的学校，为什么有的孩子就十分出众，而有的孩子就畏首畏尾呢？这就是因为前者的父母能够看到孩子的优点，而后者的父母只是看到了孩子的缺点。

许多父母喜欢拿自己的女儿和别人家的孩子做比较，总是能看到其他孩子的长处，就是看不到自己女儿的优点，总是觉得自己的女儿不如别人。但是，别忘了，女孩都是父母教育出来的，女孩的不足就代表了父母的不足，如果连父母都认为女孩不如别人，那么女孩只能更加自卑，就会将自身本来拥有的优点都舍弃，成为一个不折不扣的没有长处的人。因此，父母要善于发现女孩的优点，及时表扬并鼓励她，并给她一些改进不足之处的建议，让女孩既能巩固优点，又能纠正缺点。

女孩需要表扬

当女孩做了一些自认为好的事时，就希望得到父母的表扬，尽管父母们认为她做得不太令人满意，但也要给予她一定的表扬。父母诚恳的表扬会让女孩忘记做事时的艰辛，父母适度的表扬可以让女孩不骄傲，父母具体的表扬可以让女孩延续之前的长处，改正之前的不足。表扬可以巩固女孩的优点，为了得到表扬，女孩会更加努力地去其他的事情，这样，父母就能发现女孩其他更多的优点，不仅激发了女孩的潜能，还能让女孩拥有更强的能力。

父母应该拿女孩的今天和昨天做比较，这样才能发现女孩的进步。当女孩一些细小的进步得到父母的肯定时，就会激发出她更多的潜在能力，让你有意想不到的收获。

赞赏女孩的优点

家长父母要学会在日常生活中发现女孩的优点，不要对女孩过于挑剔。发现她的长处，才能开发她这方面的潜能。例如，妈妈观察到女孩在声乐上有天赋，就要赞赏她的歌声，给予女孩鼓励，让她拥有足够的信心，为她安排一些培训班，激发她潜在的能力，这就能够让她在声乐方面得到更好的发展。在女孩体会到"我能行"的同时，赞赏她的长处，让她信心满满地去做这件事情，这样才能让她更好地发挥，更快地进步。

欣赏女孩的一点点进步

　　欣赏是春天的雨露，是夏日的阳光，是冬天里的一把烈火；欣赏是珍藏的美酒，是丰盛的佳肴，是华丽的衣衫。学会欣赏，就更加懂得享受；学会欣赏，就更加快乐；学会欣赏，就会让你走近幸福。欣赏能使人更加优秀，欣赏你自己的孩子，就能让你的生活更加美满幸福。

　　每个人都需要得到他人的赞美，都希望被他人所认可，女孩更是如此。父母应该学会欣赏自己的女儿，这样就会让女孩的长处得到巩固，让女孩更加努力。欣赏女孩，肯定女孩的进步，女孩就会给你带来意想不到的惊喜。

和谐的环境让女孩更加快乐地发展

　　父母总是喜欢拿自己的女孩和别人家的孩子盲目攀比，认为别人家的孩子能做什么，自己的女儿也能做，而且要求她做得更好。这种盲目的攀比心理导致某些父母让女孩又学钢琴、声乐，又学美术、舞蹈，对女孩的兴趣与精力不管不顾，只知道对她严厉教育。女孩在学习中不断受到挫折、长期只听到父母的训斥，就会变得不爱学习，甚至对学习感到厌烦。因此，父母们不要太急于求成，要顾及女孩的心理，并细心地发现女孩的长处，根据其长处对她进行潜能开发，给女孩创造一个和谐的环境，不要总是责骂女孩。要能够看到女孩每天的进步，这样才能让女孩在快乐中成长。

父母要学会欣赏女孩的优点

俗话说得好："尺有所短，寸有所长。"每个人身上都有可取的优点，而父母要善于发现并欣赏女孩的优点。女孩身上不可能没有缺点，也不可能没有优点，这需要父母去区分，不要一味地只看见她的缺点而责备她，那样只会让女孩失去信心，没有勇气去做其他的事情。父母应该试着去欣赏女孩的优点，并引导她发挥出她的长处，当女孩进步时就及时地给予她表扬与鼓励，增加她的信心，让她拥有更多的勇气去面对一切。

欣赏，增加女孩的信心

女孩需要被父母欣赏，尤其是那些沉默寡言、不善交往、不爱表现、性格比较内向的女孩，她尤其渴望得到父母的关注与欣赏。父母应该走进女孩的心灵，学会倾听女孩的心声，试着去欣赏她每一点的努力与进步，增加她的自信心，让她在充满自信的条件下学习、进步、成长。

赞赏会让女孩更快地进步

每个人都希望得到他人的赞赏，因为赞赏可以增强人的斗志，加强做事的信心，会让人更加努力，进步更快。父母也需要学会赞赏自己的女儿，这样才能让女孩在赞赏中不断进步、成长。

女孩需要父母的赞赏，赞赏会让女孩更加自信，更加努力地去做每一件事情，父母的赞赏可以对女孩起到激励的作用，能够加快女孩进步的步伐。

父母要学会表扬自己的女儿

有些父母总是用成人的标准来看待女孩，总是认为女孩这里不够优秀，那里不够完美，总是批评女孩，眼里全是女孩的缺点。其实，女孩能做到这些已经很不容易了，父母们可以想一想自己小时候的样子，你们能够样样都会吗？因此，父母们也要体谅女孩，发现女孩的长处，并表扬她的优点，这样才能让女孩在表扬声中找回自信，信心十足地去做好每一件事情。

用发展的眼光看女孩

父母要用发展的眼光看待女孩，不能将女孩看死，坚定地认为女孩只能这样了，不能做得更好了。父母都对女孩没有信心，那么女孩自己就更不会有信心了。因此，父母要对自己的女儿有信心，关注女孩在生活中有什么兴趣爱好，在哪些方面比较擅长，并加以分析，这样你就能发现女孩身上还有好多潜能在等待你的开发，这样才能让女孩发展得更加全面。

　　家长父母也要用全面的眼光看女孩，不要只盯着女孩的学习成绩，不论是性格还是品德方面，父母都要顾及，让女孩德智体美劳全面发展，当女孩做的事情多了，你就能够发现女孩的长处，这样你就能找到表扬女孩的内容了。

父母要注意赞赏要得当

　　父母应该对女孩进行具体的赞赏，这样才能让她知道自己哪些行为得到了认可，就容易找准努力的方向，按照正确的方向前进。但是父母的赞赏也要适度，不能总是赞赏她，经常赞赏容易让她产生骄傲的心理，骄傲会阻碍女孩进步的步伐。

　　所以，父母要适时对女孩进行赞赏，当她这些良好的行为有了一定的习惯性后，就可以适当减少对这种行为的赞赏。只有赞赏得当，才能让女孩知道自己的长处，懂得自己的不足，才能让女孩在充满自信的条件下去完成每一个任务，进步得更稳、更快。

积极培养女孩的自信心

　　自信是能力的支撑，没有自信的人，就不会拥有成功；自信是打开潜能的钥匙，没有自信的人，就不会发挥出自己的潜能；自信是获得更多机会的阶梯，没有自信的人，就不会把握住正确的时机。因此，自信是想要成功的人所必备的品质。自信是女孩成功的基石，需要父母从小培养，只有让女孩拥有自信，才能让她充满自信地去实现自己的愿望与理想。

　　自信不是生下来就有的，父母的赏识可以让女孩得到鼓舞；父母的赏识，可以让女孩充满自信；父母的赏识，可以让女孩更加努力。赏识必不可少，它是女孩获得迈向成功的动力的前提。

自信，让女孩拥有更多的能力

　　自信，让女孩将事情做得更好，让她在做事中养成良好的习惯；自信，让女孩敢于尝试新鲜的事物，让她在接触事物时增长更多的能力；自信，让女孩敢于在众人面前展示自己，让她得到更多学习的机会。女孩的自信，在父母的赏识中建立起来，只有父母善于发现女孩的闪光点，善于欣赏女孩的长处，才能正确赏识女孩，让女孩找准正确的前进方向，拥有足够的自信。

让女孩在实践中拥有自信

教育女孩不是一天两天就能成功的事情，父母不要急于求成就给女孩制定高标准、高目标，女孩在做事后没有达到这些标准与目标就会让她丧失信心。自信是女孩成功的前提，只有拥有自信，才能让她逐渐走向成功，而女孩的自信需要在实践中培养。父母可以在女孩做事前根据女孩的能力制定一些标准和目标，只要女孩努力就可以达到。这样，女孩就会很认真地做这件事情，当她通过自己的努力达到目标后，父母就要表扬女孩，这就能让女孩在感受成功喜悦的同时增加自信心。

父母的评价影响着女孩的自信心

父母几乎都有这种观念，认为只有不断指正女孩的不足，不断批评女孩的缺点，才能让她进步，才能让她更好地成长。但父母们不知道的是，也许恰恰是你们的批评无形地打击了女孩的积极性与自信心，让女孩产生消极的心理，总是认为自己很没用，没有能力去做好一些事情，让她没有勇气去尝试新的事物。父母的批评无疑让女孩失去了原有的信心。

想要建立起女孩的信心，父母就要学会赏识女孩，让女孩知道自己完全有能力将事情做得更好。在她一次又一次将事情做好后，信心就能得到增强。而父母的赏识无疑就是她做事的动力。所以，父母们要客观评价自己的女孩，赏识女孩的优点，并说出她的不足，在增加她自信的同时改正她的缺点，让她更加完美。

看到女孩的成功要及时肯定

肯定就是针对某件事情对某人的言行及作为表示一定的赞同与支持，给予善意的回应。这种善意的响应对那些天真无邪的孩子来说，往往有着巨大的正面效果，起到激励与赞赏的作用。

女孩在成长中，不断地在寻求他人的理解，总是盼望自己能够得到肯定、受到公正的评价。父母们要知道，只有不断地肯定与鼓励女孩，才能让女孩快乐地、信心满满地走向成功的大道，才能让女孩在一个充满善意的环境中健康成长。

肯定，增强女孩的自信

女孩的自我评价源自他人的点评，尤其是自己的父母。父母一个否定的评价，可以抵消女孩好不容易才建立起来的自信心，让女孩变得消极、没有胆量；而你一个肯定的眼神，却能胜过无数鼓舞的话语，重新点燃女孩的斗志，让女孩建立起更加坚定的信念，增强女孩的自信。因此，肯定也是培养女孩自信的一个条件，父母多肯定女孩的一些正确的行为，不仅能坚定女孩成功的信念，还能让亲子关系更加融洽。

父母要学会肯定女孩的成绩。当女孩独自面对一些困难的时候，父母就要在旁边引导、鼓励、肯定女孩，让女孩感受到成功的喜悦。父母的肯定能够让女孩更加积极进取，不论是一句肯定的话语，还是一个肯定的眼神，都能让女孩受到鼓舞，更加努力向前。切忌讽刺女孩，就算你不经意间的一个不屑的眼神，都会击垮女孩好不容易才建立起来的信念。当女孩向你邀功时，不要吝啬你的表扬，也不要吝啬你那肯定的眼神，你的肯定，能对女孩产生不可估量的影响。

父母要信任女孩，并肯定女孩的作为，这样才能让女孩更加信任你，愿意与你沟通、交流，你才能真正理解自己的女儿。当你能够真正赏识女孩每一次的进步，女孩就会感受到你的爱与关注，就会增加她成功的信念，加快她成功的脚步，让她在爱的包围中自信、积极、健康地成长。

否定只会让女孩更加堕落

我们常听一些父母这么说："打是亲，骂是爱。""因为是疼爱她我们才会打她。"父母们也许不知道，你们一次打骂就可能在女孩的心中埋下一颗阴暗的种子，你们认为的爱在女孩的心中却是怨恨，当你们一次次指责、嘲讽、羞辱、责骂女孩，否定女孩的每一次行为时，就会让女孩心中那颗阴暗的种子在怨恨中发芽，女孩就会变得越来越堕落，越来越冷漠，更加不知进取、不知悔改，慢慢走向极端。

Part 07
第七章

温柔礼貌，谈吐优雅为
女孩添魅力

　　讲文明懂礼貌是中华民族的传统美德。礼貌能让他人更容易接受自己，正确的礼貌用语也能赢得他人的喜爱。文明的行为举止不仅能显示出自身的修养，还能让你受到他人的尊敬。父母应该让女孩来传承这种传统美德，将文明礼貌种在女孩的心中。

礼貌，让女孩更有教养

　　一个懂礼貌的人更容易被他人接受，更容易成为一个受欢迎的人。礼貌是拉近与他人距离的桥梁，一个人的礼貌不仅能让他和他人的关系更融洽，相处更和谐，还能显现出一个人的教养与素质。因此，父母们请不要忽略对女孩讲礼貌的培养。

　　对女孩的礼貌教育应该越早越好，而父母就是女孩最直接的老师，因此，父母应该注意自己的言行，为女孩起到好的榜样作用。注意要从小就要让女孩有懂礼貌的意识，在女孩不会说话的时候，父母可以经常逗她笑，因为微笑是懂礼貌的一种方式。在女孩开始说话的时候就要注意让女孩多使用礼貌用语，例如请、谢谢、不客气等，让她从小就有这种意识，那么长大之后就能自然养成习惯。

父母不要忽略自己的示范与榜样作用

女孩懂不懂礼貌并不是天生的，需要父母后天细心培养。孩子在小的时候喜欢模仿大人，因此父母一定要随时注意自己的言行举止。例如，每天早晨起床以后，要问候自己的长辈；受到别人的帮助后要说谢谢；家里来客人的时候要礼貌热情地招待等等。当女孩看到你的这些行为后就会模仿你的样子去做，这样就会在不知不觉中让女孩养成懂礼貌的习惯。父母们记住不要太迁就女孩，认为她只要长大了就知道该怎么做，这样只会让女孩越来越蛮横无理。

小米已经是小学五年级的学生了，虽然活泼开朗招人喜爱，但是有一点让妈妈很困扰：小米不太懂礼貌。

一天在家中，小米想喝酸奶，就冲着妈妈大喊："我要喝酸奶！"

为了教会小米使用礼貌用语，妈妈就故意装作没听见她说话。

小米又叫了几声，见妈妈一直都没有理她，她就跑过来说："妈妈，你刚才没有听见我说话吗？我说要喝酸奶呢！"

妈妈说："听见了，但是我不知道你在叫谁呀，你刚才又没有叫'妈妈'。"

小米笑着说："妈妈，我想喝酸奶啦。"

"说得还是不对。"妈妈摇头。

"怎么还不对啊？"小米皱着眉头问。

"你应该说：'妈妈，我想喝酸奶，请您帮我拿一下，好吗？''"

小米重复了一遍这句话后，妈妈才去给她拿了酸奶。

小米喝完后转身就想去玩时，妈妈又一把拉住她说："还没完呢！"

小米瞪着大眼睛说："完了，我已经喝完了！"

妈妈说："你还没有跟我说声'谢谢'呢。"

"哦，还要说声谢谢？"小米惊讶道。

"当然啦，别人帮你做了事，你怎么可以不说声谢谢呢？"妈妈语重心长地说。

"谢谢妈妈，我知道以后该怎么做啦！"小米微笑着说。

表扬与鼓励让女孩更懂得礼貌

父母们想要自己的女儿能够做到礼貌待人，平时的表扬与鼓励也非常重要。你的鼓励和表扬会让女孩知道只有懂礼貌的孩子才能受到他人的喜爱，拥有更多的朋友。当女儿把你平时教导的事情都做得很好时，一定要给女孩一个肯定的笑容或是表扬的话语，让她觉得你在为她的行为而感到自豪，就会让她今后努力表现得更好。

培养需要坚持

培养女孩礼貌待人的习惯需要父母们长期坚持不懈地进行。当然，父母们也要为女孩营造一个和谐美好的氛围，让女孩在你们的言传身教中慢慢形成一种良好的习惯，让她更加自信、豁达、乐观地成长。

礼貌用语，让女孩更有魅力

一个人能否正确地使用礼貌用语，从大了说标志着一个国家的文明水平，以及这个民族的精神面貌；从小了说能显示出这个人的文明教养与道德修养的水平。因此，父母有义务教会自己的女儿正确使用礼貌用语，这也有助于提高她的思想道德水平。

女孩在公共场所的言行举止，不仅能反映出她的个人修养，还能体现出她的家庭教育的水平。所以，越来越多的父母开始重视女孩礼貌用语的培养，父母可以通过发生在生活中的小细节来告诉女孩应该怎么做，例如，在电梯口一位男士给女士让路女士说谢谢，或是当别人买完东西后对卖主说谢谢等等。父母们要告诉女孩这些都是懂礼貌的行为举止，让女孩今后也注意使用到这些礼貌用语。

让女孩随时注意使用礼貌用语

父母要告诉自己的女儿用礼貌的语言来表达对他人的喜爱与尊敬。当女孩开始会说话的时候，父母就可以教她学会说"请"或"谢谢"等简单的礼貌用语；等到她逐渐明白那是什么意思后就要教会她如何去应用，例如，当需要别人的帮助时，就要说"请"，帮助完后要对别人说"谢谢"等等。让女孩在实践中去应用，让她慢慢地学会如何正确使用这些礼貌用语。当然，父母还要告诉她，不论是在家里还是在公共场所，都要记得使用礼貌用语，不要迫于父母的压力就只记得在家中使用，而到了外面就不管不顾。这同时也需要父母的言传身教。

六岁的苏苏刚从外面玩回来，拿着矿泉水就跑到爸爸面前说："爸爸，我口渴了，给我打开一下。"边说边把矿泉水递到爸爸面前。

爸爸刚想说什么，但看见女儿那张红扑扑的可爱的小脸，便二话没说放下手中的报纸给她打开了，然后双手递给苏苏。苏苏接过水扭头就走，爸爸拉住她说："苏苏，今年你都六岁了吧！"

苏苏不解地看着爸爸："是啊！怎么了？"

"那你刚才是不是忘了一件事情呢？"爸爸提醒她道。

苏苏转了转眼珠，想了想，对爸爸说："没有啊！"

"那妈妈有没有教过你当别人帮助你之后要对他说什么呢？"爸爸又说。

苏苏终于想起来了，低着头说道："要说谢谢。"

"这就对了，你一定要记住这些，这样才能成为一个人见人爱的小朋友啊！"爸爸摸着女儿的头，娓娓说道。

苏苏认真地看着爸爸："爸爸，我记住了，谢谢爸爸！"

让女孩养成礼貌用语的习惯

父母要教导女孩，当别人帮助她的时候要说"谢谢"；当不小心碰到别人的时候要说"对不起"；当与人分手前要说"再见"；对长辈和刚认识的人要称呼他们为"您"；称呼教师和社会工作人员时要叫"老师""阿姨""叔叔""师傅"等等。同时父母的言传身教也会成为女孩做事的典范，会在潜移默化中影响女孩，让女孩通过父母知道如何正确地使用礼貌用语，让女孩在实践中逐渐养成良好的习惯。

夸奖的时候说明原因

父母要随时注意女孩的言行举止，当女孩出现一次礼貌的行为时，一定要对女孩进行表扬。但是，你要让女孩知道你为什么会表扬她，对她说明表扬的原因，让她知道这个无意中的行为是正确的，让她今后更加有意识地经常这样去做。这样，也可以让女孩慢慢养成使用礼貌用语的习惯。

礼貌待人，拉近人与人的距离

　　礼貌待人不仅容易让他人接受自己，拉近与人的距离，还有助于你的交际，让他人更愿意与你合作。为了让你的女儿在今后的学习工作中能够更加顺利，一定要从小就教导她学会如何礼貌待人。

　　父母在女孩小的时候就要教导她要礼貌待人，这可以为她今后的人际交往打下良好的基础，无论是做客还是待客，父母都要提前告诉她要讲礼貌，父母也要为女孩作出良好的榜样，让女孩通过模仿父母学到如何礼貌待人。

让女孩礼貌地问候他人

　　要想让女孩学会礼貌待人，就需要先教会她礼貌地问候他人，但有些女孩天生就比较胆小，非常认生，所以就需要父母们更加耐心地教导她。当碰到爷爷、奶奶、姑姑、小姨这些亲近常见的亲人时，女孩还敢大声地问候他们，但是，当碰到比较陌生的人时，她就会不敢开口，勉强打招呼也十分别扭。父母们可以提前和女孩说今天会有谁来或是到谁家去做客，让她有心理准备，并鼓励她大声问候别人，这样不仅锻炼了女孩的胆量，还让女孩养成礼貌问候他人的习惯。

让女孩注意自己的穿着

一个人整齐的穿着也是礼貌待人的一个方面。一个人的穿着不仅能让别人看出你的品位以及个人生活习惯，还能让人看出你是否尊重他。因此，父母从女孩小的时候起，就要重视女孩的穿着，让她注意自己的行为举止。

父母也要礼貌地对待女孩

有些父母为了在女孩面前树立自己的威信，通常在与女孩说话时不使用礼貌用语，并且还经常用命令、责备的语气，这会让女孩的自尊心受到严重的打击，会让她觉得父母不重视她，久而久之，会让她在对待别人时也这样不懂礼貌。其实，孩子也有自尊心，更何况是敏感的女孩，父母们一定要顾及到这一点，不要只要求孩子而不要求自己。只有你尊重了孩子，才能让孩子自发地尊重你，也学会尊重其他人。谈话时不要一味说教，父母也要集中注意力去听女孩说的话，才能让她觉得你尊重她，重视她的意见，这也会让女孩在今后也这样对待他人。

一天，晴晴的妈妈和邻居阿姨从市场回来，虽然妈妈手上的东西不是很沉，但妈妈还是让晴晴下楼帮自己提东西，妈妈对晴晴说道："晴晴，请帮妈妈拿一下东西好吗？"

晴晴听到后立刻回答："好的，请稍等，我马上就来。"

邻居阿姨说："你看你，东西也不沉，就不要让晴晴来提了，晴晴都快升初中了，让她多学习一会儿多好，而且你们母女俩怎么说话这么客气啊，真奇怪。"

晴晴下楼接过妈妈手中的一部分东西，妈妈对晴晴说："谢谢。"

邻居笑了："真没看见过像你这样的妈妈，对自己孩子不用这么客气啊！"

在晴晴走后，妈妈才对邻居说："我让她帮忙拿东西只是让她知道自己也是家中的一员，自己也应该为家里做点事，而说话礼貌是为了让她感受到重视和平等。"

讲文明，让女孩更加优雅

讲文明、懂礼貌是中华民族的传统美德，也是维系公共道德准则的规范。文明礼貌不仅反映出一个人的道德修养与思想水平，也体现了这个人是否懂得尊重他人、懂得与人合作、懂得交际的艺术。因此，父母从小就要教育女孩讲文明懂礼貌，纠正她不文明的习惯，让她懂得要文明做事、礼貌待人。

父母要告诉自己的女儿，讲文明懂礼貌不仅仅要表现在语言上，行为举止才是最重要的表现形式。例如，进别人房间的时候要先敲门，等人允许后再进入；有人来家里做客时要学会让座、给客人倒茶、送客这一系列的行为；不随意打断他人的谈话等等。让女孩在实践中注意这些事项，慢慢养成讲文明懂礼貌的习惯。

正确的教育方法才能让女孩有正确的认知

父母们都知道，凡是有教养的人，必定也会具备良好的文明礼仪。现在，有一些孩子不仅不讲文明，满嘴脏话，还十分不听管教，什么都和家里人对着干，想必这些孩子的父母都十分无奈困惑，为什么自己的孩子会变成这个样子，这就是源头问题，就是因为你在孩子小的时候没有教育好她应该做什么不应该做什么。当然，教育要讲究方法，如果你总是以训斥责骂的手段让孩子听你的话，她就会越来越抗拒，生成反抗的心理。所以，父母要顾及她的自尊心与自信心，要让她知道讲文明才是正确的行为，让她在你的鼓励与表扬声中养成讲文明的习惯。

让女孩用文明的语言去赢得更多人的喜爱

人都是通过语言来进行交流的，而文明用语更能赢得他人的尊重与喜爱。因此，父母要注意女孩的文明用语，让她做到言行一致，告诉她要从内心深处去尊重他人，这样才能让别人也同样尊重你，不要让她嘴里说着"对不起"或是"没关系"，心里却在想着怎样推卸责任或是让人怎样报答她。同样，让她知道，对待不同的人所使用的礼貌用语也不同，比如，在与长辈说话时就要尊重而亲切；在与朋友说话时要热情随和；当恳求他人帮你做事时要态度诚恳等等。让她在与人的接触中慢慢摸索其中的奥妙，同时这个过程也离不开父母的帮助与鼓励。

将女孩的不文明行为扼杀在萌芽中

女孩在刚刚学习说话时，就会模仿大人的语言和行为，当偶尔听到一些脏话时，她就会觉得很新鲜去跟着学。当女孩第一次骂人的时候，父母不要觉得挺好玩就笑话她，一定要严厉地制止她这种行为，并严肃地告诉她："这是骂人的话，是不文明的行为，好孩子就不应该说这种话。"将她这种不良的行为扼杀在萌芽之中。

在公共场合也要教育女孩要爱护环境，保持环境的卫生，不要乱扔垃圾，更不要随地吐痰，耐心地告诉她哪些行为是正确的，哪些是不良的，让女孩有意识地不去做这些事情，这样就会避免她做出一些不文明的行为，慢慢养成良好的文明习惯。

不要急于求成，要慢慢改正女孩不文明的习惯

俗话说："冰冻三尺，非一日之寒。"孩子的不良习惯不是一两天养成的，那么想要改正这些习惯也不会很快就能见效，需要父母的耐心与细心。父母切忌打骂女孩，要让女孩在你的关爱中逐渐纠正，慢慢将其转换成好的习惯。

教养和礼貌赢得别人的尊重

教育只能让女孩的知识层面得到扩充，而教养却能够增加女孩内在的品德涵养，让女孩更有魅力。一个有教养的女孩，不论是在学习还是今后的工作中，都能表现出良好的个性，能够受到他人的欢迎，赢得他人的尊重。

想要女孩拥有好的教养，就要让女孩接受良好的教育，而这个教育不仅仅是学校的常规教育，还包括家庭教育。家庭的教育主导着女孩的主要思想，这就是为什么有人会说：从孩子的身上就能反映出父母的素质与涵养。因此，要让女孩在一个好的家庭环境中耳濡目染，受到良好的教养。

礼貌，女孩有教养的体现

在女孩的成长过程中，父母要认真地对待女孩的言行，对女孩的教养更不能马虎大意。女孩的语言能最先反映出她的教养水平，而且人与人沟通时离不开说话，所以，父母要注意培养女孩使用礼貌用语，要让女孩学会礼貌待人，这样才能让她今后更好地与他人沟通交往，赢得他人的尊重与喜爱。不要让女孩过于不拘小节，也要适当地约束她的行为。父母要在平日多留心女孩是怎样与人沟通交往的，发现不良行为时，要及时制止，并肯定她讲文明懂礼貌的行为。

让女孩在实践中主动学会礼貌

现在很多父母过分宠爱自己的女儿，不论大情小事都不让女孩过问，什么都一手替她操办。父母们认为这是爱孩子，其实这是在毁了你的孩子，你们自己想一想，一个缺乏独立性、生活不能自理的人会拥有良好的教养吗？就算现在女孩还未成年，但她终究会长大，终究要离开你们的怀抱去走向她自己的世界。因此，请放开关爱她的那双手，让她慢慢学会独立，在实践中慢慢掌握自理能力，在实践中慢慢养成良好的习惯。良好的习惯能够提升女孩自身的气质，提升她的个人素养，让女孩能够拥有信心与勇气去面对今后的一切。

让女孩学会善解人意

当女孩在与人交流沟通时，要告诉女孩注意倾听他人的话语，并要懂得善解人意，真诚地回应他人的话语。例如，当发现对方很痛苦很伤心时，就要说"换作是我，我也会很难过"，如果回应人家"有什么好伤心的"或是"你可真能自作多情"。这都是非常不礼貌的表现，也显示出你非常没有教养。善解人意也是一个人拥有教养的一种体现。

真诚地道歉让女孩更受欢迎

在人与人的交往中，难免会发生冲突，而如何解决冲突能体现一个人的涵养。解决问题最好能让双方都满意，在考虑到自身的利益时也不要忘了对方的利益，在避免自己吃亏时还是要考虑到对方的利益，在解决口角之争时最好不要说"行了行了！都是我的错"或是"你总是对的，我总是错的，行了吧"，这样会激化矛盾，并且是一种很没有教养的做法，应该自己先退一步，真诚地说："或许你是对的！"这就是一种真诚而有教养的表达。这样说通常会达到双赢的局面，会受到他人的欢迎。

礼貌是一种由内而外的气质

性格开朗、直爽、豪放的人，气质大都显得粗犷；文雅温和、秀丽端庄的人，气质大都显得比较恬静；而温文尔雅、举止大方的人，气质大多显得比较高洁。其实，气质是一种由内而外所散发出来的美。父母在教育女孩懂礼貌的过程中，只有让文明礼貌的意识深入女孩的心里，才会使女孩拥有高雅的气质。

所有的父母都希望自己的女儿能够讲文明、懂礼貌，都希望把自己的小公主调教得既文雅又端庄，希望她能够有一个良好的气质。但是，很多父母都发现小时候那乖巧可爱、讲文明、懂礼貌的女孩长大之后都变了，不仅没能延续这些好的习惯，还增添了许多不良习惯。这就是因为父母在教育她时，这些好的习惯没有进入她的内心。

将礼貌植入女孩的内心

父母们可以想一想，自己是怎样教育女孩懂礼貌的呢？你有没有做到这些呢：当女孩收到别人的礼物没有说谢谢，给她一个提示的眼神；当女孩到别人家做客时乱翻别人家的东西，回家后就给她一次严厉的教训；当女孩打断大人说话时，就严厉地给她一个警告等等。也许大多数父母直接告诉她这么做不可以，对女孩进行严厉的约束与管教，这种管教的确能起到很好的作用。但父母们有没有发现，女孩在管教不久后还会再犯这种错误，并且，还越来越不听管教，变得越来越没有礼貌，这就是因为你只是告诉她要有礼貌，而没有让讲礼貌这个意识深入她的内心。

父母的教育方法很重要

礼貌是相互的，只有父母也尊重女孩，对女孩也很有礼貌，才能让女孩在这种礼貌的氛围中受到感染，将礼貌植入心里。比如，当女孩打断你和客人的谈话时，父母大多会生气地说"你别说了，你这样打断我们的谈话是非常不礼貌的行为"，来制止女孩插话的行为，但是，你有没有想过，你在说她不礼貌的时候，也打断了她的话，同样也是不礼貌的行为，也会伤害她的自尊心，让她觉得你不爱她了。其实，你大可以换一种说话的方法，你可以平和地说："先让我们将话讲完后，你再接着说好吗？"这样，不仅尊重了女孩，也让女孩知道插话是不对的，每个人都不希望自己说话的时候被他人打断。这样的教导会更容易让女孩接受，也能让她记住怎样做才是正确的。

言传身教更有说服力

父母们也许都发现了，很多小时候被父母粗鲁教育的女孩，在长大之后叛逆心理都十分强，往往都故意变成脏话连篇、不讲礼貌的孩子，在这些女孩看来，讲礼貌不是什么道德准则，而是父母的要求。就是因为父母教育方法的不正确才导致女孩将礼貌给误解了。

因此，父母们一定要注意自己的教育方法，注意自己的言行，在日常生活中也要注意对女孩使用礼貌用语，给女孩营造一种礼貌的氛围，让她在耳濡目染中渐渐将礼貌植入心底，养成习惯，成为一种由内而外散发的气质。

让穿着成为优雅女孩的陪衬

爱美之心人皆有之。女孩哪怕年龄不大，对美也十分敏感，相信父母们也都喜欢将自己的小公主打扮得漂漂亮亮，但是，父母们要适度，既要适当地满足她打扮的愿望，又不能让她一味追求穿着打扮，否则会使女孩从小就追求庸俗的趣味，容易将她引入歧途。

现如今，人民生活水平逐渐提高，再加上基本上每家都是独生子女，尤其家里是小女孩的家庭，父母就更加注重她的穿着打扮，有些家长甚至给孩子烫发、美甲、抹口红、戴项链，高档的衣服更是一件接着一件，将她打扮得像个小大人。

请父母们注意女孩的穿着和打扮

当今社会，生活品质越来越高，信息媒体传播迅速，追赶潮流、讲究时尚早已成了现在的女孩生活的一部分。有些女孩年纪不大，却十分重视自己的穿着。虽然每个父母都希望自己的女儿穿得漂漂亮亮。但是，女孩的穿着与她的成长有着密切的关系，不能让女孩过于追求穿着打扮。因此，父母就更要注意这一点，将她的审美观念引向利于她身心健康成长的方向。

要穿利于女孩成长的衣物

父母们要知道，女孩正是长身体的时候，不要为了时尚、漂亮就给女孩穿硬邦邦的皮鞋，这样不利于她的骨骼发育，要穿较软较舒适的鞋及衣物，这样才有利于她健康成长。父母还要注意女孩的穿着应符合其生长发育的需要，不要只顾时髦而忽略了她的内心成长。

不要让女孩因为贪慕虚荣而打扮

父母要教育女孩不要过多追求名牌、讲究时尚，这样会让她产生一种攀比的心理，变得爱慕虚荣。同样，这也需要父母以身作则，只要父母不一味地追求名牌，能将时尚与穿着都看得比较淡一些，女孩就不会过分爱打扮、爱名牌。当父母们发现女孩追求名牌、一味打扮时，应该及时制止，并告诉她，外表可以美丽，但真正的美丽是人的内心，不要只知道打扮自己的外表，而不注重内心的培养。在这样的教育之下，再加上父母自身的言传身教，相信女孩一定会慢慢改掉只顾打扮、追求浮华、爱慕虚荣的不良品行。

培养女孩简朴的生活作风

孩子从小就活泼好动，只有在活动中她的身心才能得到更好的发展，父母们在给女孩买衣服时，不要买过于昂贵的衣物，应该买一些舒适、朴素的衣物，这样女孩穿起来舒服，活动起来也比较方便。从小就培养她节俭、朴素的生活作风，还能让她不一味热衷于打扮，有利于她身心健康发展。

父母应该让女孩知道：衣服只是外表的一种点缀，并不是衣服美人也就跟着美，只有内外兼修，才能让人真的美。而内在的修养更要集知识、品质于一体，这就需要她更加努力学习，改掉不良的品行，只有这样，才能让她更加美丽。

让女孩从小养成礼貌的习惯

虽然礼仪与风度都表现在外，但它是由长期的内在积累与沉淀才显现出来的气质。想要自己的女孩拥有超凡的气质，并不是一两天就能培养而成，需要父母的言传身教，需要女孩的亲自实践。培养没有捷径，只有一步一步努力，才能让那种气质渗透到女孩的内心。而教育女孩懂礼貌就是父母们首先要做的事情。

女孩的礼貌教育应越早越好。当女孩还不会说话的时候，父母就应该逗女孩笑，并鼓励她在家人和比较熟悉的人面前多笑笑，让她知道微笑是一种表示友好的方式，让她喜欢微笑。当然，教育女孩懂礼貌还不只是这些，父母应该从生活中的点滴入手，让女孩逐渐地养成懂礼貌的好习惯，让她从中掌握到与人交往的礼仪。

从小培养女孩礼貌的习惯

当女孩开始学习说话的时候，父母就要反复地耐心地告诉她一些礼貌用语的使用。例如，当收到他人的礼物时要说"谢谢"；在做错事后要说"对不起"；在寻求他人帮助的时候要说"请"；在与长辈打招呼的时候要说"您好"等等。让女孩在刚开始说话时就接触到这些礼貌的语言，这样会让女孩更加印象深刻。女孩在刚开始学说话的时期是教育她懂礼貌的最佳时期，父母们一定要抓住这个时期，将女孩培养成一个懂礼貌的好孩子。

提前教导女孩礼貌说话

六岁的小维维非常开心，因为今天是她的生日，并且阿姨还说会送她一个漂亮的礼物。她正盼望着阿姨的到来，这时，妈妈对维维说："阿姨想得真周到，她记着你的生日，还说送你一个漂亮的礼物。你在接过礼物后是不是应该对她表示感谢呢？相信她听到你的感谢，一定会非常开心的。"

维维听到后，高兴地点了点头。

阿姨果真送了维维一个漂亮的洋娃娃，维维非常喜欢，并真诚地向阿姨道谢。当阿姨走后，妈妈高兴地对维维说："维维，我的乖女儿，刚才你向阿姨道谢的样子真的太令我骄傲了，但你要记住，以后也要像这样做，知道吗？"

"好的，妈妈，我知道了！"维维开心地对妈妈说。

相信很多父母在女孩遇到上面那种情况的时候都不会提前给女孩打预防针，而且，一遇到这种事情的时候，只要女孩没有道谢，就会严厉地斥责她没有礼貌，而这样却打击了女孩的兴趣。父母可以像上面那位妈妈一样和女孩提前说清楚，或是当着她的面谢谢他人，女孩在看见你的做法后，就会跟着学习，就会记住在今后收到他人的礼物时说"谢谢"。不同的教育方法会教育出不同的孩子，缓和的教育更容易让女孩接受，而强迫的教育容易让女孩产生逆反的心理。因此，父母应注意自己的教育方法。

公共场所的礼貌不能忽视

其实，不懂礼貌、举止粗俗、不懂得尊重他人的人是一个没有自信的人，她常常缺乏幸福感，没有朋友，也没有人愿意与她合作，这就会导致她难成大事。父母们都想要自己的女儿今后能够有所作为，那就需要让女孩知道，懂礼貌是一个人最起码的修养，让女孩在成长中学会分享、学会与人合作、学会交朋友，让她成为一个有教养的成功人士。

常言道："尊重别人就是尊重我们自己。"在家中，父母已经让女孩知道应该怎样尊敬长辈，怎样使用礼貌用语，而父母们还应该让女孩知道怎样在公共场所保持礼貌。保持安静是最起码的一种礼仪，这也是对他人的一种尊重。很多女孩总是习惯尖叫、大嚷，尤其是在遇到兴奋的事情或是与其他小朋友一起玩的时候，这就需要父母们教导自己的女儿要安静，告诉她什么地方可以大声叫嚷，什么地方应该保持安静。当父母带女孩去一些公共场所时，可以为女孩带一些书或玩具来吸引女孩的注意力，这就可以让她自娱自乐而不去妨碍其他人。

告诉女孩在公共场所的注意事项

父母在带女孩到公共场所时，一定要事先告诉女孩应该注意的事项，如让她遵守公共秩序，说话要文明，不要大声喧哗等等。事先告诉女孩这些能让女孩有心理准备，就能让她下意识地注意这些事情。让女孩在实践体验中，知道在公共场合如何懂礼貌。例如，父母在带女孩坐公交车时，就要让她知道要排队上车；上车后要是有人给女孩让座，就要教女孩说谢谢；等女孩稍微长大后，就告诉女孩在乘车时要将座位让给有需要的人，从小就灌输她懂礼貌的思想。父母还要教育女孩，在公共场所要平静地表达自己的意见，不要与人争斗、斤斤计较。

学校组织一年级的小朋友来参观少儿图书馆，那里有各种各样的图书，小朋友们个个都目不转睛地看着，每个人都大开眼界。

最后他们来到玩具图书角，老师告诉大家可以在这里玩二十分钟。听罢，妮妮和杰杰就抢先跑到玩具柜前叫着："我要那个魔术枪！""给我智力拼图！"其他几个小朋友也不示弱，也跟过来一起嚷嚷，搞得图书管理员手忙脚乱。老师赶紧过来帮助维持秩序。

只有小欣安静地站在旁边，等其他小朋友都拿到喜欢的玩具后，才开口说："阿姨，请您把那个建筑积木拿给我好吗？"阿姨满意地微笑着把积木递给她。小欣双手接过后说："谢谢阿姨。"图书管理员带着赞赏的口气对老师说："这真是个懂礼貌的小姑娘。"

时刻提醒女孩不礼貌的行为

当女孩出现不礼貌的行为时，父母要耐心地提醒，不要厌烦。并且，父母有必要让女孩提前知道接下来该注意什么，让她做好心理准备，即使提醒了却还是出现问题，父母也要顾及女孩的自尊心，在事后对她进行教育。

父母不要因为女孩屡教不改就对她失去耐心，对她大加训斥，父母应该找到女孩总是犯错误的原因，根据原因来彻底纠正女孩不懂礼貌的毛病，只有智慧地教育自己的女儿，她才能让你刮目相看。

良好的行为举止，让女孩更加完美

在人与人的交往、合作中，相互尊重是前提，而良好的言谈举止能更容易赢得他人的尊重。通常情况下，熟人之间就会省略那些繁文缛节，因为他们之间已经建立了相互信任的关系；而在陌生人面前，礼貌的言行就会给人留下良好的印象，并且产生安全的距离感。

父母培养并帮助女孩养成良好的行为举止，不但能让她在今后容易与人相处，受到他人的尊敬，还能让女孩敏锐地感觉到他人的需求，懂得体谅他人。这就为女孩今后能顺利走向社会奠定了基础。

慢慢纠正女孩的不良习惯

父母们也许已经发现，有些女孩在告诉她哪些习惯不对，并教育她应该如何做之后还是不能改正。这主要是因为女孩的自控能力较弱。父母们不要因此就打骂她，更不要新账旧账一起算，这样会严重伤害她的自尊心，给她的心理造成阴影，还会让她提前进入叛逆期。父母们可以根据女孩的这些不良习惯而制定一些家规，对她进行适当的约束，也可以适度地对她进行批评，让她有意识地不再去犯这些错误。这样才有利于女孩不良习惯的改正。

从女孩小的时候就要教导她懂礼貌

父母要时刻指点女孩应该怎样去做。当女孩还小的时候，父母就要教会她正确使用文明用语，让她在使用文明用语之后得到一种成就感，让她知道懂礼貌会赢得更多人的喜爱，把礼貌深入到内心，这样才能让她不用提醒就知道自己该做什么。父母在指点她的同时，不要过于心急，要有耐心，这样才能看见良好的成效，让女孩在快乐中学会礼貌待人。

让女孩在实践中成长

当女孩在与人交往的过程中，父母不要过多干涉，否则容易使女孩感到压抑，产生心理失衡，让女孩变得不自信，不愿与人接触。所以，父母应该让女孩自己去与人沟通、交往、合作，让女孩在实践中将父母所教导的事情一件一件做出来，并在实践中总结经验，慢慢规范自己的言谈举止。父母可以在一旁帮助女孩，总结她的优点与不足，让她延续自己的优点、改正自己的不足，这样会让女孩更加完美。

良好的行为举止会给女孩带来意想不到的收获，同时又能维护自己的尊严。父母在教育的过程中仍要坚持表扬、鼓励为主，批评为辅，给女孩足够的自信心，让女孩在自信中成长，养成良好的习惯，规范自己的言行。

Part 08

第八章

为人处世，
智慧女孩的必修课程

当今的社会是一个以人为本的社会，虽然强调个人的能力，但合作仍是必不可少的。父母应从小就培养女孩合作的理念，让女孩拥有与人合作的精神，学会与人沟通，为人处世，这样才能让女孩在今后顺利地走向社会，成为对家庭、对社会有用的人才。

帮女孩树立合作的理念，让她融入集体生活

无论什么时候，相互合作都是一个人走上社会的必要条件。事实证明，许多天资聪颖的人之所以没有获得成功，不是输在智慧上，而是输在了不会与他人合作上。因此，只有学会与人合作才能有获得成功的机会，才能成为强者。

同整个社会相比，个人的力量几乎是微不足道的，只有学会与人分工合作，才能体现出集体的庞大的力量。正如人们经常所说的，"二十一世纪最需要的是有交际能力的人"，只有善于处理人际关系，乐于和他人合作的人，才能绽放自己的色彩。要让女孩拥有这样的素质，就需要父母从小就培养女孩与他人和平共处、友好合作，并重视提高她的沟通能力，全面培养她的优良品质，让女孩变得更加优秀。

鼓励女孩与他人相处

有很多家里的女孩是独生女，她无法体会到兄弟姐妹之间的友爱，在学校的时候又背着学习这座沉重的大山，无形中减少了她与其他人相处的机会，容易导致女孩性格孤僻，不爱说话。因此，父母应该多带女孩到公共场所，并鼓励她与同龄的孩子玩耍，教育她要学会与人分享，要懂得团结，要相互帮助，让她在玩耍中学会与人合作。

156

让女孩学会关爱他人

父母想要自己的女儿学会与人合作，就要让她养成关爱他人、团结友爱的好品质。由于现在很多女孩是独生女，父母十分宠爱，导致现在的女孩都比较以自我为中心、比较自私，不会与人合作。当父母们发现这种问题后，就要改变一下自己的教育态度，不要过于宠溺她。同时也可以让女孩把自己的同学朋友请到家里来做客，在她玩耍的时候观察她的不足，并告诉她这样做不对，帮助她改正。

让女孩在交往中学会合作

父母们要知道，女孩是在与同伴的交往中学会怎样去合作的。在交往中，女孩会自然而然地去与他人合作，并感受着合作的愉悦感，以及合作成功后的喜悦。因此，父母就要给女孩创造与他人交往的机会，可以多让她的同伴来家中做客一起玩耍，让他们在玩耍的过程中学会应该怎样合作。

学会尊重，学会合作

尊重他人是女孩必须要学会的品德，因为只有尊重他人才能赢得他人的尊重，才能建立良好的合作关系，才能通过合作而获得成功。尊重是人际关系的起点，父母要教育女孩学会尊重他人，这样也有利于女孩人际关系的培养。父母要告诉女孩，只有尊重他人才能赢得他人的信任，才能让别人与你合作，才能让别人帮助你、支持你。因此。父母应从小就培养女孩尊重他人的品德。

不论是大人还是孩子，都要与人交往合作，都需要他人的温暖与关怀，就算是性格再孤僻的孩子也是如此。因此，父母就要给孩子无私的关爱，同时也要让孩子学会去关爱他人，并帮助她学会与人沟通。

提高女孩的自我保护意识

　　女孩就像一只纯真的白天鹅，对世界充满了美好的幻想，可是这个世界并不是她想象的那样完美，各种各样的不法分子就潜伏在我们周围。因此，父母们提高警惕，增强孩子的自我保护意识，才能让女孩远离伤害，避免悲剧的发生。

　　父母有必要让孩子提高自我保护意识，特别是娇弱的女孩子。由于她年龄太小涉世未深，容易轻信别人，因此父母们需要经常教导她，让她有意识地警惕一些人或事。

让女孩学会分辨好坏

　　女孩终究会长大，要自己去面对一些事情，父母们不可能时刻紧跟着她。为了让她今后能更加顺利，父母有必要教会女孩分辨好人与坏人，告诉她不要随意和陌生人走，若是坏人强行拉的话，就要想办法拖延时间，紧急时刻要知道呼救求助。从小就灌输她在外要提高警惕的思想，这样会让她今后有自我保护的意识。

让女孩学习自我保护的知识

父母可以让女孩看一些法制书籍或是电视节目，让她从中了解到什么是对什么是错，并引导她记住在遇到这些情况的时候应该怎样做。父母也可以通过一些模拟来锻炼女孩自我保护的能力，提高她的警惕性，让她安全快乐地成长。

观察女孩交往的对象

父母应该时刻观察女孩所交往的人，并提醒她不要和一些不良人士交往，告诉女孩"近朱者赤，近墨者黑"。若是发现女孩和一些不良少年交往，先问清原因，再对她进行谆谆教导，说明事情的严重性，千万不要打骂女孩，这样只会适得其反。

做个思想健康的女孩

父母有必要教育女孩不要看一些不良书籍，以免她的思想受到侵蚀。在不良思想的影响下，女孩会更容易与不良少年交往，误入歧途，降低自我保护的意识。因此，父母要注意观察自己的女儿，以免她上当受骗。

父母要循循善诱，让女孩加强自我保护意识

当女孩开始出现一些不好的习性时，父母不要一味指责、批评，虽然批评能起到一定的激励作用，但是一味地批评只会让女孩心中的叛逆心理越来越强。这样女孩就会忘记了要自我保护，会做出一些很偏激的行为，容易上当受骗。父母应该注意自己的教育方法，对她耐心地教导，对她讲明这么做会产生怎样的严重后果，让她意识到问题的严重性，并帮助她一起解决这些事情。这样，女孩就会吸取教训，注意自己的交往对象，提高自我保护的意识。

教育女孩是一个漫长的过程，只有将自我保护的意识灌输到她的心里，才能让她真正理解，才会真正起到作用。这就需要父母的耐心与恒心。

让女孩敞开胸襟，真诚待人

女孩的早期教育会影响她的一生，因此，父母们要十分重视对她的早教。父母不要只顾开发女孩的智力，而忽视了对女孩情商的培养。女孩对待他人的方式影响着他人对她印象的好坏，也影响着她的人际关系，而人际关系又会影响到女孩今后与人合作的关系，影响女孩今后的成败。

古人云："诚乃立人之本""诚之所感，角处皆通"，意思就是，只有以诚待人才会让人感动。做人一定要真诚，当初刘备三顾茅庐就是以"诚"来打动诸葛亮出山，辅佐他打天下。合作是学习工作中必不可少的一部分，而良好的人际关系就是合作的前提，但如今的女孩因家人过分宠溺，常常以自我为中心，做事骄纵蛮横，对待同学也是呼来唤去，这样的女孩总是没有很好的朋友，也没有人喜欢与她玩耍、合作。因此，父母有必要让她懂得尊重他人，真诚待人。

让女孩在集体中学会真诚待人

每个孩子都希望得到别人的重视与关怀，这就需要父母们教育自己的女儿要真诚对待同学，要懂得关爱同学，这样才能得到更多同学的喜爱，交到更多的朋友。父母要让女孩知道，当你用心去关心别人时，别人的心中就会产生一种温暖与安全感，也会变得像你一样去关心他人；你要设身处地地为别人着想，当别人遇到困难时要热心地帮助他，和他一起解决困难，让别人感受到你的真诚与热情。父母有必要让女孩多参加班级的集体活动，让女孩在活动中懂得合作，懂得礼让，懂得关爱他人，懂得尊敬他人，懂得要以诚待人。

小惠今年刚刚上一年级，六一儿童节快到了，同学们都兴高采烈地盼望着。但在前一周，小惠却生病了。老师对同学说："六一到了，同学们都很开心，操场上欢歌笑语不断，但是小惠却一个人在家里躺着，我们能不能想点什么办法来减轻一下小惠的痛苦呢？同学们，要不咱们每个人亲手制作一张卡片来送给小惠同学吧？"这个提议立即得到了同学们的赞成与响应。同学们兴高采烈地制作着卡片，有的用纸制作兔子，有的自己亲手画小狗熊……每一位同学都在认真地做着，想让小惠和他们一样度过一个快乐的六一。当小惠收到这些卡片后，十分开心，也很激动。今后，不论什么事，只要小惠能帮上忙，都会热心地为同学解决。

锻炼女孩待人接物的能力

让女孩去接待家里来的客人，就是锻炼她待人接物能力的一个办法。当家里来了客人之后，女孩通常都会说："欢迎您来我家做客。"如果是一脸不悦地说，就会使这句原本很有诚意的话大打折扣。父母不仅要教育她这些基本的礼仪，更要告诉她要怀着一颗真诚的心去接待客人，这样才能让客人感到被尊重，很愉悦。这样的教育会使女孩在今后的接人待物中注意尊重他人。

锻炼女孩的气魄，让女孩更加智慧

女孩是未来事业的接班人，这就需要她拥有过人的胆量、足够的能力、良好的素质来面对今后竞争激烈的社会。试想一下，一个胆小懦弱、做事毫无主张的人今后能成什么大事？因此，父母有必要对女孩进行勇敢胆大的素质教育，让她做个有主张有见解的人。

现如今，不论是学习压力还是工作压力都很大，女孩的心理很容易就承受不住这些压力，走向极端。其实，想要自己的女儿能够成大事，就要先让她拥有一个良好的心态，坦然地接受一些事情，这样才能让她在面对挫折或失败时从容沉着地应对，鼓起勇气继续前进。

让女孩自己做事锻炼胆量

现在的父母过于宠溺自己的女儿，什么事情都为她包办，宁可自己的事情不做，也要替女孩把事情做完。有的父母不让女儿洗碗，因为怕她不小心滑倒；有的父母不让女儿扫地，因为怕她不小心磕着碰着……父母总是怕这个怕那个，这就错失了锻炼女孩胆量的时机，最终导致她不仅生活不能自理，做事还缺乏胆量、不勇敢。父母应该让女孩多接触一些事务，让她在自己动手的过程中开动脑筋，增长知识，会的东西多了，她自然就会有胆量去参与更多的活动。这样，女孩就不会胆小怕事，做事就会充满气魄。

让女孩成为新时代的接班人

父母们要记住，教育女孩并不是一件容易的事，将她教育好更是困难，但一定要有恒心、有耐心、有决心，让女孩拥有足够的胆量去面对困难，有足够的气魄去解决问题，有足够的能力去生存。要告诉女孩，生活并不永远是一帆风顺的，也有惊涛骇浪，只有自己拥有足够的能力和勇气，才能去面对一切，战胜一切，只有能接受考验，才能看见美丽的彩虹。让女孩在困难中磨炼自己的意志，锻炼出坚强的信念，拥有足够的自信，这样才能成为新时代的接班人，打造辉煌的明天。

告诉女孩欲做事先做人

　　良好的品德是一个人立足于社会的资本，是一个人综合素质的体现，成功人士大都拥有高尚的品德与较高的素养。而品德需要父母从小培养，这样才能让良好的品德在女孩的心底根深蒂固。

　　良好的品德不是天生拥有的，需要后天长期培养，这就需要父母注意在女孩小的时候就培养她的品德，让她拥有良好的素养。当然，不好的品德也会在后天逐渐养成，当父母们发现一些苗头时，就要对她进行教育，帮助她改正这些不良的品德。

良好的品德，让女孩拥有更多的朋友

　　同女孩的学习成绩相比，对女孩的品德教育可能更加重要。一个成功的人不一定需要懂所有的知识，但是品行低下的人肯定无法得到别人的尊重，更别提获得成功了。

　　7岁的娇娇跟着妈妈去商场买东西，娇娇看着各式各样漂亮的物品，抓在手里一直不肯放下，妈妈当时也没有发现，回家后，妈妈看见女儿手里拿着没有付钱的商品，心里十分高兴，就亲了亲娇娇的红脸蛋作为奖励。

从此以后，娇娇只要和妈妈一起出去买东西，就会顺手拿别人的东西。久而久之，娇娇便养成了顺手牵羊的毛病。不论是和同学相处，还是去逛商场，只要有机会，她总是毫不犹豫地下手。

有一次，娇娇在拿同学的文具盒时被同学发现了，同学便告诉了老师，老师听后狠狠批评了她，并让娇娇的妈妈到学校谈话。娇娇的妈妈很难堪，这才意识到自己贪图小便宜而毁了自己的女儿。

拥有良好的品德是女孩做人的根本，更关系到她的未来。良好的品德不易培养，但不好的品德却很容易养成，因此，父母要注意女孩的举动，当发现不良行为时，一定要及时帮助她纠正，并灌输她一些好的思想与品德，让她有意识地改正。不能像上面娇娇妈妈一样，不纠正反而奖励，这样只会毁了自己的孩子。

耐心地教育女孩

女孩天生充满好奇心，对任何事都充满兴趣，有时并不知道一些事情会伤害到他人。这就需要父母的提醒，要告诉女孩什么是正确的行为，什么是错误的行为，帮助她建立正确的道德观念，养成良好的品德，防止她对他人造成无意识的伤害。

父母们不要太在乎女孩的学习成绩，不要只关注她的学习，还要让她拥有良好的品德，让她懂得感恩，拥有自理的能力，这都是女孩必不可少的能力，只有让她全面发展才能有所成就，拥有美好的未来。

父母也要做到不撒谎、不欺骗、诚实守信，要给女孩树立良好的榜样，让女孩在言传身教中受到感染，在潜移默化中养成良好的品德。

诚实守信，做人的根本

诚实守信是中华民族的传统美德，但当今社会的人们急于求成，常常忽略了坚守诚信的美德，人们的信誉度逐渐下降。因此，想要与人合作而获得成功，就一定要诚实守信，让他人信任，才能合作得既愉快又成功。

每个父母都希望自己的女儿将来有所作为，这就需要父母们教会女孩尊重他人、宽容友爱、勇往直前、诚实守信。只有这样，才能让她知道在今后的学习工作中该怎样待人接物，与他人相处合作。

诚实守信是最基本的素养

在当今竞争激烈的社会，诚实守信就成了女孩今后工作中最亮丽的闪光点。诚实守信不仅是一种道德品质，更是做人的基本条件，是一种良好的信誉标志，是人赖以生存与发展的基石。所以，父母要重视对女孩诚实守信的品德的培养，让诚信伴随女孩成长。

诚实守信是与人交往最重要的原则，你的诚实守信会让对方对你产生敬意，愿意与你交往，这样你们之间的交往会变得很愉快；而一个不诚实守信的人得不到他人的信任，不会有人愿意与你交往，即使交往也不会非常愉快。

诚实守信从遵守时间做起

父母要教育自己的女孩守时，并告诉她，对个人来说，时间是非常有限的，我们每个人都在计划着自己的时间，不要因为自己的不守时而打乱了对方的安排。守时表现着一个人的道德修养，也是遵守诺言、诚实守信的一种体现，应该是每个人遵守的一个原则，不要用任何借口、任何例外来耽误对方的时间。

1779 年，德国著名哲学家康德告诉老朋友威廉在 3 月 2 日去看他，并在 11 点之前到达。在 3 月 2 日早上，康德租了一辆马车去威廉家，在离威廉家还有 12 里的地方，要经过一条河，但桥却坏了，没法过去，虽然河面不是很宽，但水很深。打听后知道，在河上游 6 英里处还有一座桥，但这样马车最快也只能 12 点半到达目的地，若坚持走这座破桥只需再走 40 分钟即可。现在已经是上午 10 点钟了，康德想了想，跑到河边一座很破旧的农舍前，客气地询问房主要多少钱才肯卖这房子。主人很奇怪，便问他："为什么这么破的房子你还要买呢？"康德说："请不要问为什么，出个价吧！"主人想了想，告诉他这房子要卖 200 法郎。康德又说："如果你能从房上拆下几根长木头，并在 20 分钟内把那座桥修好，我就把房子还给你。"主人听后，就叫上全家人一起修桥。按时修好桥后，康德平安过了桥，在 10 点 50 分终于赶到了老朋友威廉的家。后来，威廉听说了这件事，就给康德写了一封信，说道："其实，老朋友之间的约会，晚一些是可以原谅的，更何况你当时是遇到了一些意外。"而一向守时的康德给老朋友回信道："在我看来，不论是对老朋友还是陌生人，我的守时就是对他最大的礼貌。"

让女孩树立正确的交际意识

人际交往能力的高低直接决定了一个人的生活水平，而要提高人际交往能力，就必须先树立正确的交际意识。

曾有一位成功人士说过："人之所以能够成功，是因为他拥有非常好的人际关系。"由此可见，父母们想要自己的女儿能够有所成就，就应该重视从小培养女孩的人际交往能力。而早期教育在其中起着非常重要的作用。父母要从小培养女孩与人交往的能力，这样就能够逐渐发展她自身的交际能力与社会能力，为她今后的良好发展打下坚实的基础。

让女孩学会交朋友

女孩没有玩伴就不会感受到朋友之间的友情与合作之后成功的喜悦，因此，父母要鼓励女孩和其他小朋友玩，在这里需要强调的是，父母们不要有过多的思想负担，认为女孩跟其他小朋友玩会吃亏、会学坏等。若是在玩的时候孩子发生了纠纷，父母就可以趁此机会指导女孩学会明辨是非，自己去解决问题。如果是其他孩子的错误，父母就应教育女孩要宽宏大量，学会原谅他人；如果是自己的女儿错了，就要引导并鼓励女孩向玩伴道歉，从而培养她礼貌待人的好品质。

让女孩在交往中学会理解与关爱他人

理解与关心他人也是一种优良的道德品质，而父母常常忽视这一点，认为只要自己的女儿不出事、不闯祸就行，不去管她对其他人怎样，这就造成有些女孩对人十分冷漠，人际关系惨淡。父母们都知道，人在这个世界上生活，都需要得到他人的支持与认可，都应该关心并在乎他人的情感。因此，父母应该教育女孩要理解、关心他人，要她学会与他人分享快乐、分担痛苦的能力。

交际意识是为合作服务的

一直以来，合作交往都是人类活动的基本形式之一。而在 21 世纪的今天，在这个竞争激烈的时代，更是对人与人的合作能力提出了更高的挑战。现在的女孩虽然年纪不大，可是在生活中处处都需要有良好的合作精神。不论是为了拥有美好快乐的童年，还是为了今后能顺利地适应社会，都需要让女孩学会与他人合作。著名的欧洲心理学家阿德勒曾说："假如一个孩子没有学会合作之道，那么他必然会走向孤僻之道，并会产生牢固的自卑情绪。"

女孩的一些交往的技能，例如分享、协商、轮流、合作等，都需要父母在潜移默化中传授。父母要从自身做起，让女孩在你的身上学到如何去与人交流、合作。父母要知道，只有让女孩学会真正地去尊重他人，关爱他人，才能真正提高女孩的社交能力，增强她与人合作的精神。

开朗，让更多人"爱"上女孩

　　性格积极开朗的孩子不但会赢得所有人的喜爱，在她成年之后也会有更加幸福美满的生活。因此，每个父母都希望培养一个积极乐观的孩子。而在女孩的早期教育中，培养她的人际交往能力也是一项非常重要的任务，能让她在提高交际能力的同时养成乐观开朗的性格。

　　其实，女孩的内向与外向、害羞与张扬都是自身的性格问题，本没有优劣好坏之分，但为了能让女孩更好地展现自己，结交更多的朋友，能很快融入新的环境，父母们就需要巧妙地帮助女孩变得活泼，帮助她打开世界的大门。

让女孩爱上说话

　　语言是人与人的交流中最有效的一种工具，因此，要激发女孩说的积极性与主动性，这就需要父母为女孩创造语言交流的环境，而听、说的训练方法一定要对女孩有很强的吸引力，同时还要符合她年龄的特点与心理的需要。父母可以在家中与女孩开展各种各样有特色的游戏活动，例如，让女孩看一些木偶剧或动画片等，看完后让女孩演绎不同的角色，将故事说给你听；还可以让女孩将平日学到的故事、儿歌、舞蹈等表演展现出来。在女孩表演时，父母给予她适当的喝彩与鼓励，这样女孩就会更加积极踊跃地表现自己，不仅锻炼她的胆量，让她变得更加活泼，还可以提高女孩的表达能力，为女孩今后与人交往奠定基础。

让女孩在游玩中变得开朗

父母要鼓励自己的女儿多交友。父母可以多带女孩出去和同龄的孩子交往，可以邀请女孩的同学、玩伴到家里做客，还可以让女孩多参加一些集体性的课外活动。父母还可以经常与有年龄相仿的孩子的朋友聚餐或结伴出游。父母可以在玩的过程中教会女孩与人交往并融洽相处。父母也可以带女孩参加一些大人的聚会，让她接触不同年龄、不同职业、不同性格的人，在一种和谐欢快的氛围中鼓励女孩与这些人说话。父母还应培养女孩广泛的兴趣，让女孩在做有限的几件事时不会感到厌烦，如果她又喜欢运动，又喜欢看书，还爱好艺术，这就会有很多东西都会令她兴奋，而性格也会随之变得更加开朗。

打骂只会让女孩更加孤僻

孩子的心都似玻璃，尤其是脆弱的女孩子，父母不要动不动就打她骂她。尽管有时女孩非常淘气，看见她做错事的时候父母就会气不打一处来，忍不住想要训斥、批评甚至是打她，但父母一定要沉住气，每个女孩在成长的过程中都会犯错误，要允许她犯错。经常挨打的女孩在父母面前会十分紧张，尽可能表现良好，但只要父母不在时，她就会更加淘气不听话。因此，打骂女孩并不能完全解决问题，还可能让她走上叛逆的道路。

父母要耐心地教育女孩，让女孩感受到你的关爱与照顾，让她在你的鼓励与表扬声中变得更加自信，自信会让她变得更加开朗，更加善于与人交流。这样，才能真正达到你的教育目的。

帮助女孩克服交往中的羞怯心理

花园里绽放着五颜六色的花朵，每一朵都在争奇斗艳，而有一朵玫瑰，每当有人走到它面前，它就会羞涩地把头低下，若是有人停下来与它说话，它就更害羞了，只恨自己的身上没有长腿，要不然它早就一溜烟地跑掉了。每一个有女孩的家庭中，都有一朵含苞待放的花朵，你家的女孩是那朵羞答答的玫瑰吗？

父母可能也发现了，一些女孩有与人交往的欲望，但因为害羞或是胆怯而止步不前。羞怯心理主要是后天形成，据了解，成年人中四分之一的羞怯者，在儿童期并没有出现羞怯的现象，其实，也有大部分人在儿童期很害羞，但成年后却变得越来越善于社交。这就说明害羞的性格并非天生，父母要注意在后天培养中养成女孩胆大心细的性格特点。

女孩羞怯的原因

女孩之所以羞怯，主要是因为她看不到自己的优点，总认为自己不如别人，害怕自己不能给别人留下良好的印象，对自己没有自信。父母要让女孩知道，不论是什么人都有自己的长处与短处，在欣赏别人的同时也要学会欣赏自己，只要能多一点勇气和自信，肯定会表现得更加出色，也会赢得更多人的喜爱与肯定。不要把自己想得很糟糕，更不要过低地评价自己，这样只会在与人交往的过程中变得更加谨慎迟疑、紧张不安。要告诉女孩，被人评论是一件很平常的事情，不要过分在意他人的言论，否则只会限制自己，变得越来越不敢说，越不说就会越怕说，就会加重你羞怯的心理。

自信，让女孩更有胆量

为了克服女孩羞怯的心理，父母首先就要增强女孩的自信心，让女孩感觉到"我能行""我会做得更好"，让女孩有胆量去与人交往，战胜羞怯的心理。父母要让女孩知道"天生我材必有用"的道理，通过鼓励、表扬、肯定的话语或眼神等等来增加她的信心，只要有了信心，女孩就不会在说话时低着头，就会昂头挺胸，露出自信的微笑，不再是那朵羞答答的玫瑰。

缓和女孩紧绷的神经

父母还可以增加女孩的体育活动，锻炼是增强自身神经系统最有效的办法。性格内向、比较怕生的女孩神经系统都比较脆弱，一点小事都会导致神经系统兴奋，外在表现就是脸红一阵白一阵。体育锻炼不但能增强女孩自身的体质，还能让她过度的神经反应得到缓和，就会减轻害羞的程度。

父母要适当地锻炼女孩，让女孩慢慢克服羞怯的心理，不要因为她不想说话就由着她的性子来。让女孩在与人交流的过程中逐渐克服害羞的心理，父母可以先让她和熟悉的人说话，再让她与不太熟悉的人说话，然后再慢慢地锻炼她在大庭广众下说，由小的范围慢慢扩展到大的范围，加上父母的鼓励，相信女孩一定能够变得更加自信、更加开朗。

关爱他人，让女孩结交更多的朋友

在孩子感受父母无微不至的关爱的同时，父母也要给孩子提出一些要求，例如：父母可以让孩子帮忙刷碗，或是在给他们洗衣服时，请他们帮忙搬凳子、端水，让他们尽量做一些力所能及的事情。让孩子在做家务中体会到父母的辛苦，这样就会让他们学会爱自己的父母。

在社会这个大集体中，每个人都需要朋友。他们可能和我们没有任何血缘关系，但是与我们有着相同的志向或乐趣，我们需要互相帮助，互相关爱。

在帮助他人时感受到自己的价值

身为负责任的父母，在给予女孩无微不至的关爱，为她创造良好的生活条件的同时，也需要要求女孩为家里做一些力所能及的事情，如在家帮忙扫地、洗碗、洗衣服等等。尽管这些事情都很小，但通过这些劳动却让女孩学会去关心与帮助他人，也培养了她的爱心与同情心，提升了女孩自身的责任感，在帮助他人的同时感受到自身的价值，这会让女孩更加乐于助人，给更多的人带来欢乐。

今天是母亲节，9 岁的乐乐早早地便爬起了床，蹑手蹑脚地洗漱完。怕吵醒正在熟睡的爸爸妈妈，乐乐关上他们的房门，就跑到厨房开始做早餐。把粥煮好后，乐乐又细心地将粥盛好，准备一些小菜。半个小时后，爸爸妈妈都起床了，看着从未煮过早餐的乐乐还在厨房忙碌着，妈妈激动地一把搂过乐乐，兴奋地说："不错不错，我的女儿长大了，懂得关心爸爸妈妈了。"乐乐听后甜甜地笑了。

让女孩学会与人分享

一些女孩不愿意与他人分享东西，因为她认为分享会让她失去自己的东西。而父母则要鼓励并引导女孩在与同伴的交往中，有意识地与他人分享。在家里，父母还要教女孩同家人分东西。例如：妈妈刚买回水果，全家人围坐在一起，就要让女孩来分水果，先让她分给老人，再分给父母，最后才留给自己。这时，父母就应该表扬女孩，让女孩知道分享会让人高兴，并能得到他人的喜爱，这样才能让她养成与人分享的好习惯。

爱心，让女孩成为一个传播快乐的使者

父母要注意在早教中培养女孩的爱心，要让女孩感受到每个人都需要他人的关爱与帮助，让女孩感受到帮助他人的快乐。例如，父母可以告诉女孩自己哪里不舒服，想要让女孩帮忙给揉一揉，要是女孩这么做了，父母就要及时地去表扬她。其实，父母不妨有意地在女孩面前暴露自己弱小的一面，让女孩知道该心疼、照顾你，这样也可以养成女孩的独立性，让她有胆量去面对今后的问题。父母还可以让女孩参加一些慈善募捐活动，鼓励她献出自己的爱心，让她成为传播快乐的天使。

倾听，让女孩更具智慧

倾听是尊重他人的一种行为，在倾听中可以学会如何关心他人，真诚处事，与他人合作。倾听也是一门学问，培养孩子倾听的能力，能让她养成良好的倾听习惯，提高她听课的效率，还能有益于孩子的一生。

良好的倾听习惯并非一两天就能养成，父母常常提醒女孩上课注意认真听讲，课外注意听老师或同学说话，而在家中却没有对她进行要求。其实，家是女孩人生中的第一课堂，想要让女孩拥有良好的倾听习惯，父母就要从小要求女孩认真地听他人讲话，并告诉女孩，认真倾听是尊重他人的一种体现，只有你认真倾听，尊重他人，才能获取他人的喜爱。

请父母耐心地倾听女孩的话

一些年轻的父母性格过于急躁，看到女孩说话吞吞吐吐的样子就十分烦躁，不愿意去倾听女孩说的话。女孩的心灵都很脆弱，你的一个眼神也许都会让她不安，在看到你这么急躁的样子时，自然不敢大声地、流利地说出自己想说的话。这就需要父母们多一些耐心，也给女孩一份尊重，让女孩放松心情把话说完。父母在倾听的同时也要让女孩认真听一下你的想法，在这个彼此倾听的"讲道理"的过程中，就会让女孩慢慢地体会到倾听的巨大力量，这就会让女孩在今后的学习工作中善于倾听，并用对话来解决问题。

让女孩在课堂上学会倾听

倾听就是仔细地听别人说话，并思考其说话的含义。在课堂上也需要女孩学会倾听，倾听也是一种良好的学习习惯。在学习中，一些孩子的表现欲望十分强烈，不能认真地倾听老师的讲授与同学的发言，这样，不仅会让孩子综合能力的提高受到严重的影响，让她不能正确地理解老师所讲的内容与同学的想法，甚至还会影响孩子的思维发展。因此，父母要教育女孩善于去倾听，这样才能提高她的学习成绩和她的交际能力。

让女孩养成礼貌的倾听习惯

父母为女孩提高表达能力提供充足空间的同时，也容易让女孩养成不好的习惯，例如，当父母在耐心地与女孩说话时，女孩总是插嘴，不能认真地去倾听。父母想要培养女孩良好的倾听习惯，就需要让女孩知道，在听别人说话时插嘴是一种非常不礼貌的行为，要让女孩懂得倾听的礼貌，例如在别人说话时要注视着对方的眼睛，不要随便插嘴，要安静耐心地把别人的话听完。养成女孩礼貌的倾听习惯，这样才能让别人认真地把话说完，在听的时候能找到重要的信息。

父母们要知道，要让女孩学会倾听需要一个漫长的过程，不能放过任何一个细小的环节，要不厌其烦地去教育她，帮助她纠正已经养成的不良习惯。此外，父母也需要与老师交流女孩在校期间的表现，以免她当着父母一套，在学校又是一套。只有将这些教育都灌输到她的心里，才能让她变得善于倾听，才会被更多人欣赏和喜爱，从而交到更多的朋友。

培养孩子为他人着想的品质

经常听到许多父母抱怨："现在的孩子怎么越来越自私了呢？"而"自私"这个词几乎成为现在部分孩子的代名词。很多父母都指出现在的孩子只考虑自己，从来不考虑家人和他人的需求。

自私是人的本性，并非孩子自身的错误。人的这种本性会随着心智成熟而得到控制，孩子自私的问题需要家长和孩子共同去面对。尤其是现在家庭中独生子女较多，加上家长对孩子的纵容，孩子以自我为中心的意识就更加难以消除。

让孩子学会为他人着想

"冰冻三尺非一日之寒"，父母培养孩子为他人着想的良好品质不是一朝一夕就能完成的，需要孩子在良好的环境中慢慢培养。平时多带孩子参加集体活动，在活动中学会为他人着想。教给孩子"你手中有一个梨，可是别的小朋友手中只有一个苹果，你把手中的梨与小朋友分享，小朋友才会将苹果与你分享，这样你们两个就都能吃到梨和苹果了"的道理。

彼得的叔叔想带着小彼得进行一次远途旅行，小彼得为此开心得睡不着觉。准备出游那天，他的父亲有个重要的会议要参加，就在父子两人即将出门的时候，彼得母亲的胃病犯了，为让他们父子两人安心出门，母亲尽力装作没事的样子。彼得的父亲注意到了妻子的异样，但彼得年龄太小，根本没有注意。

父亲让彼得留下陪母亲，彼得争辩道："这是我非常难得的一次机会，我不想放弃！"

父亲生气地说："你不能将生病的妈妈一个人丢在家里，你必须在家里陪着妈妈。"

彼得大哭："明明是你不想让我去，生病的人怎么会笑，刚才妈妈还笑着叫我好好去玩！"

父亲质问道："你真的看不出你妈妈病得很厉害？她装出快乐的样子，就是担心你不能安心地出去玩，你忍心将这样爱你的妈妈一个人丢在家里吗？"

彼得恍然大悟，难怪妈妈早上起来就脸色苍白，也没有吃早餐，只是说自己没胃口，原来是生病了呀！彼得难过地说："爸爸，是我错了，我真的没有看出来妈妈生病了。"

父亲说："彼得，爱妈妈不能只用口来说，你要像妈妈爱你一样去爱她、帮助她。"

父亲的话让彼得想到生病时，妈妈整日整夜地照顾他，但妈妈病了，自己却不知道，彼得觉得自己太自私了，为此很惭愧。彼得对父亲说："我不去玩了，我要在家照顾妈妈，陪她去看医生、吃药、打针，等您回来时，妈妈的病一定全好了。"

父亲说道："那我就把妈妈交给你了。"

如何让孩子学会为他人着想？

培养孩子帮助和体贴家人。父母可以慢慢让孩子理解父母工作的艰辛和生活的不容易，为父母分忧解愁。这样做的目的是让孩子享受父母关爱的同时，也能够关爱父母。许多孩子是非常愿意为父母分担家务的，只是当孩子这样做的时候，父母总说："学习去，好好学习就是帮妈妈最大的忙。"这样的教育方式会让孩子性格上有缺陷，认为身为孩子的义务仅仅是学习，周围其他的事情都与自己没有关系，家庭对孩子而言，仅仅是一种特权，孩子对家庭没有丝毫义务，也没有任何责任，慢慢会变得越来越自私、冷漠。当孩子成人后，性格已经养成，很难再改变，一个自私自利、毫无责任感的人，怎么会有成功可言。

和睦的邻里关系。父母要以身作则，处理好于邻里之间的关系，每天主动打招呼，碰到需要帮忙的事情主动帮助别人，这样，孩子在潜移默化之中受到影响，自然喜欢帮助他人。

集小善成大善。父母带着孩子出入公共场所的时候，更要注意自己的形象，主动给老人让座；在商场推开弹簧门时注意身后有没有人，如果有人时，等后面的人撑到门时再走开；乘电梯时站在右侧，不要妨碍有急事的人从左边超过；影剧院等公共场所不能喧哗，保持卫生。让孩子从这些生活细节入手，养成良好的习惯，培养出优秀的品质。

Part 09

第九章

美德教育，
让女孩的人生锦上添花

美德，让女孩更加有内涵；美德，让女孩更加有修养；美德，让女孩更加优雅。父母不能忽略女孩的美德教育，因为美德是女孩养成良好习惯的前提，是女孩拥有良好品行的条件。父母自身所具备的美德也无时无刻不在影响着女孩，想要女孩拥有良好的美德，父母也要增加自身的涵养，严于律己，成为女孩最好的榜样，让女孩在潜移默化中提升自己的涵养，养成良好的品德。

父母严于律己是女孩养成美德的前提

越来越多的家长意识到自己的言行举止会在潜移默化中影响到自己的女儿，为此，很多家长都开始注意自己的言行，规范自己的举止，从自身做起，严于律己，给自己的女儿做最好的榜样。

女孩的很多习惯都是在家长无意识的言传身教中养成的，在女孩身上所暴露出来的缺点往往就是父母自身的缺点。而父母有意识的教育也会对女孩产生十分巨大的影响，如果你喜欢读书，家里就会充满了书香气，女孩就会在这种氛围内受到熏陶，也就会自然而然地爱上读书；如果你是个孝顺长辈的人，女孩将来也会像你一样孝顺；如果你是个充满爱心的人，那么你的女儿也会成为一个善良的人；如果你是个通情达理、懂得宽容的人，那么你的女儿今后也会像你一样大度、懂得谅解……

父母应严于律己，做女孩最好的榜样

其实，女孩的性格养成很大程度上取决于父母的熏陶。父母的言传不可少，身教更不可忽视。让女孩养成好的习惯就会成就她好的性格，好性格就会成就她好的命运，好命运就会成就她好的人生。因此，为了女孩的未来，父母一定要严于律己，从自身做起，用实际行动为她做出最好的榜样。

父母要与女孩共成长

父母教育女孩的过程其实也是在与女孩共同成长，因为没有人生来就会做父母，在教育女孩的过程中，父母不能只知道对女孩提出高标准、高要求，让女孩在你的鞭策中成长，却忽略了对自己的要求，停滞了自己的成长。父母要知道，严于律己、宽以待子才能让女孩更加快乐地成长，才能让她在成长中学到更多的知识。

父母的思想主导着女孩的思想

我们总是能在女孩的身上找到其父母的影子，不论是父母的思想观念、心理状态、行为方式，还是父母的言谈举止，都对女孩有着直接的影响，都可能被女孩完全"拷贝"下来。父母只有先调整好自己的心态、拥有积极的思想，才能让女孩在耳濡目染、潜移默化中得到熏陶，受到启发。父母一定要展现自己最积极的一面，让女孩感受到积极的力量，并用智慧的眼光来观察自己的女儿，发觉她身上的优势，开发她的潜能，提升她的优势，这样才能助她走向成功之路。

和谐的家庭氛围让女孩更加积极向上

如果女孩的父母能够互敬互爱、和睦相处，拥有宽容、乐观的心态，家庭氛围十分和谐，就会让女孩感受到关心与爱护，体验到爱与尊重，从而产生积极向上的情感，父母这样还能为女孩提供如何做人的榜样，在潜移默化对女孩产生好的影响。女孩会将父母处理夫妻关系的方式记在心中，并且用在自己的生活中。若是父母之间总是争吵，搞得家庭氛围十分紧张，就会让女孩出现自卑、恐惧、焦虑不安等不良心态，这同时也会影响她今后的人际关系与婚姻。

家务，让女孩拥有良好的品德

培养女孩热爱劳动的习惯，不仅能让她懂得劳动能够带来美好的生活，懂得尊重他人的劳动成果，爱惜物品，养成节俭的习惯，还能让她更加疼爱自己的父母，懂得父母的不易，从而养成善良、孝顺、勤劳的美德。

很多父母十分重视对女孩进行德育教育，为了让女儿今后能有更好的发展，拥有良好的品质，父母已经将让女孩参与劳动列入教育行列中。劳动不仅可以增加女孩的责任心，让她体谅父母的辛苦，还能让女孩变得更加有毅力、有耐心。

让女孩主动去做家务

父母应该引导女孩主动去做家务，但不要让做家务变成一种强制性的行为，也不要给她布置超出她能力的任务，要逐步地引导女孩自己去做一些力所能及的事情。让女孩在做家务的同时培养她的耐心、信心、责任心，要给予她鼓励与表扬，让她养成爱劳动的好习惯。有些父母怕影响女孩学习，就不让女孩做家务，其实，让女孩做家务反而能让她的学习成绩提高，因为劳动能够培养女孩做事的专一与规律性，这都是良好的学习习惯，可以提高女孩的学习效率。因此，父母要让女孩学会做家务并做好家务。

做家务可以提高女孩的自理能力

父母们都认为只要女孩长大了就什么都会了，可是有太多的孩子在长大之后埋怨自己的父母没有教会她自理的能力，这样你还认为从小就什么都不让女孩做是爱她的体现吗？父母有必要培养孩子的自理能力，引导并鼓励她将自己的衣服穿好、放好，让她洗自己的碗，整理自己书籍和玩具，让女孩在做家务的过程中慢慢体会到这些都是自己分内的工作。父母还可以在此基础上制定一份家务计划表，与女孩一同讨论她可以做些什么，她想做什么事情。虽然计划表可以对女孩起到约束的作用，但也需要父母的督促。女孩在做家务时总会有厌烦的时候，这就需要父母对她进行鼓励，让她将这种良好行为保持下去。这样，久而久之，就会使做家务变成一种习惯，不但能提高女孩的自理能力，还能让女孩更加自信。

合理安排女孩的劳动时间

只有让女孩进行实际的劳动，才能让女孩养成热爱劳动的习惯，并且一直坚持下去。但劳动的时间也要安排得当，要根据女孩的年龄为其安排。小学生每天最好劳动 20 ~ 40 分钟，中学生劳动的时间可以长一点，最好是 30 ~ 50 分钟，也可以让她根据自己功课的多少来进行调节。父母应该注意，女孩自我服务的劳动与家务劳动都应该安排，不能让女孩只做自己的事情，对他人的事情不管不顾，要引导女孩主动做家中其他的家务。在女孩双休日或寒暑假的时候，尽量为她安排一些较复杂的又费体力又费脑力的劳动。

善良，让女孩拥有真善美

　　善良就是无私地关怀他人，替他人着想、考虑他人的感情，热心地去帮助那些需要帮助的人，而不是只知道考虑自己。善良的人为人和气，不贪图回报，希望通过自己的帮助使别人生活得更好。

　　每个父母都希望自己的女儿能够去关心他人，这就需要让这种美德在日常的生活中显现出来，将这种美德放在重要的位置，让女孩感受到这种美德，强化这种美德。父母要从自身做起，要有意识地为女孩做出榜样，这样她也就会学着做这种善良的行为，她做得越多，就越能感觉到善良所带来的美妙。

善良让女孩的人生更加多彩

　　善良是个人具备良好修养、拥有良好素质的前提，父母们应该让女孩拥有这种美德，让女孩在感受善良的同时，成为一个善良的人。善良是拥有良好人际关系的前提，只有拥有了善良的心，才能真正地去关心、爱护他人，才会赢得他人的喜爱，才会让别人愿意与你交朋友。善良是美好生活的前提，只要用一颗善良的心去看待这个世界，就不会害怕困难，勇于面对挫折，这样才能拥有一个美好的未来。

让女孩感受到善良的存在

中国文化底蕴深厚，自古就有许多传统美德，但是，现如今人们具备的美德却越来越少，许多人麻木的表现令人感到汗颜。虽然我们的生活一天比一天过得好，但是，越来越少看见有人搀扶老奶奶过马路，越来越少有人为孕妇或是老人让座，越来越少有人主动去帮助陌生人。不是现在的人缺乏素质，而是缺乏善良的心。善良是一个人具有良好修养的前提，如果连善良都做不到，何谈个人修养的问题？现在的孩子都是在蜜罐子里长大的，只有让她处处感受到世间的善良，才能让她将这种美德传承下去。为了我们的孩子能有更加美好的明天，从自身做起，去传播善良。

家是女孩人生的第一课堂，父母更是女孩的第一位老师，女孩的性格基本上是在家中形成的，女孩从父母的忠诚相待、彼此相爱中感受到家庭之爱，学会去爱别人。父母彼此关爱并体贴对方，孝敬并尊重对方的父母，爱护并耐心教育自己的女儿，而女孩在这种氛围的感染下，也会爱自己的母亲、爱自己的父亲、爱自己的长辈，从而扩大到爱老师、爱朋友、爱他人、爱祖国。一个连自己的亲人都不爱的人，更不可能关心没有血缘关系的其他人。

谦虚，让女孩懂得进取

谦虚就是指不自满，能够接受他人的批评，并能虚心向人请教的态度。谦虚是使人进步的阶梯，更是使人成功的基石。谦虚是一种美德，是让孩子进取与成功的重要前提。谦虚也是一种优良传统，是每个父母都应教育孩子具备的一种态度。

父母要告诉自己的女儿：谦虚使人进步，骄傲使人落后。只有学会谦虚，才能不断地吸取新的知识，学习到他人的长处，提升自己的素养，使自己不断进步；而骄傲会让人自满自足，使人原地踏步，甚至会掉队。

不要让孩子产生骄傲自满的心理

德国著名教育家卡尔非常注重儿子谦虚性格的培养，并尽可能地避免他人轻易表扬自己的儿子。因为他知道，只要孩子滋长了骄傲自满的情绪，就会毁了他。

一日，一个早就听说小卡尔擅长数学的督学官想考考他。按照惯例，卡尔要求这位督学官答应自己一个条件，就是"不管考得怎样，绝不要表扬我儿子"。在商量妥当后，卡尔便叫自己的儿子进来，开始考试。

但是，考着考着，那位督学官越来越惊讶，因为小卡尔能将每一题都用两三种解法解答，使得督学官不由自主地就想表扬小卡尔。卡尔赶紧递给他一个眼色，这才让他住了口。

考到最后，进入了连督学官都不是太熟悉的领域。看到小卡尔的解答后，他终于忍不住地叫了起来："天啊！简直超过了真正的学者！"

卡尔不由得想：这下可坏了。他立即泼冷水道："哪里，哪里，这都是由于这些日子儿子在学校里听数学课，所以才记得。"督学官仍旧不死心，又对小卡尔说："你再来做一下这道题，这道题欧拉先生思考了三天才做出来。如果你能把它做出来，那就更加了不起了。"

没过多久，小卡尔真的把这道题做出来了。督学官有些不太高兴地说："你是不是事先知道这道题啊？"小卡尔听后感到很委屈，含着眼泪反复地说自己真的不知道。

督学官感叹道："如果你真的没见过这道题，那你就真的胜过欧拉这个大数学家了。"卡尔听后立即掐了一下他的手，说道："瞎鸟有时也能捡到豆，这是偶然的。"

督学官恍然大悟，终于领会到卡尔的意图，连忙点着头说："是的，是的。"然后附耳小声对卡尔说："卡尔先生！我真的太佩服你的教育方法了。这样的教育，不论你的儿子有多大的学问他也绝不会骄傲自满。"

让女孩养成谦逊友好的气质

一般情况下，父母要对女孩多一点夸奖，这样有助于培养女孩的自信心，但是有些女孩过于自信，达到了自大的程度，这时父母就绝不能继续夸奖了，而是要适当地打击她一下，让她能够明白"天外有天，人外有人"的道理。父母要培养女孩拥有谦虚的态度，做到胜不骄败不馁，告诉她：骄傲自大的人就像井底之蛙，不仅视野狭隘，看不起别人，还会影响团结，最终导致失败。只有谦虚才能迎来成功，骄傲只会导致失败。

公德心，让女孩懂得教养

社会公德就是为了维护社会正常秩序而制定的一些最起码的道德准则，它需要全体社会公民来参与。之所以称其为"公德"，就是因为这是让所有人在公共场所、公共生活中都应遵守的道德准则。

社会上出现了一些道德滑坡的现象，有的人不遵守社会公德，甚至认为讲公德就是自己吃亏，自私自利的行为已经不像以前那样是可耻的行为，反而变成了当今社会做人的准则。有不少人拥有这种不良观念，这也在不知不觉中影响了现在的孩子。对于这一点，我们非常有必要教导孩子保持公德心，做一个有教养的女孩。

公德心体现了一个人的品质

一天，爸爸接 7 岁的女儿点点放学，在回家途中给她买了一根冰棍。爸爸一直在骑自行车，路边也没有看到垃圾箱。

回到家后，爸爸发现点点手中一直拿着那张沾满奶油的包装纸，点点下车后将垃圾扔进了垃圾桶，笑着说："爸爸，刚才没有垃圾桶，现在才有地方扔冰棍纸！"

爸爸听到后心里非常高兴，说道："女儿真棒，这么小就懂得将垃圾扔到垃圾桶里，能够遵守社会公德，爸爸真为你感到骄傲。"

后来爸爸发现，不论是学校组织为贫困山区的儿童捐款捐物，还是在公交车上给老人让座，点点都能够表现得很好，能够将遵守社会公德的品质坚持下去。

父母是女孩的第一任老师，更是女孩永远的榜样，你的不经意间的意识都在影响着女孩的思想，就像前苏联教育家马卡连柯曾说的："不要认为只有你们同孩子谈话、教导、命令的时候，才是在教育孩子。其实，你的生活的每一个细节，就算你们不在家的时候，都在教育着你们的孩子。你们如何穿衣服，如何与别人谈话，怎样去讨论其他人；你们怎样表示欢乐和忧愁，怎样笑，怎样读报等等，这些所有的行为都在无时无刻地影响着你们的孩子。"

良好的教养让孩子更快乐

有很多人不讲公德，随地吐痰、乱扔纸屑烟头、乱泼脏水，甚至还有人公然破坏公共设施。父母有义务教育自己的女儿分清是非，并告诉她绝不能做一些不道德、不文明的事情。当你发现女孩缺乏这方面的意识时，一定要及时指出并帮助其立即纠正。父母要引导、鼓励并支持女孩积极参加一些大扫除或保护环境一类的公益活动，最好和女孩一起参加，这样对女孩最能起到教育的作用。

"父母之爱子，则为之计深远。"关心孩子、爱护孩子、教育孩子不是一天两天的事情，甚至不是一年两年的事情。父母要从小就开始培养孩子，为这小小的祖国的"花朵"打好坚实的基础。让他从小有自己的人生目标，有正确的处理问题的能力，有理性的自控能力，有良好的学习习惯，并且要尊重孩子，即使有不同的意见，也要和孩子一起研究讨论，充分发扬民主，让孩子朝着正确的人生道路前进。

孝敬，让女孩懂得去爱

孝顺是中华民族的传统美德，不仅可以促进家庭和睦、温馨幸福，还能让家中的每个人都保持良好的状态。现如今，都是由三代人组成的家庭，若是中间一代能够孝敬自己的长辈，那么孩子就会在你的熏陶中知道应该孝敬自己的父母、祖辈。一个母慈子孝的家庭不仅长幼有序，懂得互相宽容，互相关心，拥有一种其乐融融的家庭氛围，还能让孩子的身心得到健康发展。

在很多家庭中，只是出现了父母单方面爱女孩，而没能让这种爱呈双向交流，这就导致了现在的女孩没有爱心、没有孝心。父母应该引导女孩将自己对她的爱转化成她对自己的爱，这样才能让这种爱在她的心中生根发芽、开花结果，才能让她今后懂得尊老爱幼、孝敬长辈。

教导女孩孝敬长辈

现在一些年轻的父母十分疼爱女儿，却忽略了教育女孩去爱自己。尤其是正处在青春期的女孩，她的叛逆心理较强，再加上妈妈又无时无刻不在唠叨她，尽管是一种善意的唠叨、爱的唠叨，但是女孩不能理解，不能感受到妈妈的这份爱意，更不懂得用爱来回馈，就造成了一些不良的后果。因此，父母要让女孩明白自己的爱意，也要让女孩同样爱自己，这样就能相互理解，也就少了很多不必要的争吵。

14岁的方冰在与妈妈吵了一架后，气冲冲地跑了出去。她伤心地走了很长时间，在看到前面的面摊后，这才感觉到自己的肚子饿了。可她翻遍了全身的口袋，却连一个硬币也没有找到。

面摊的主人是一位很慈祥很和蔼的老奶奶，老奶奶看到方冰站在那里，便亲切地问："孩子，你是不是想吃面啊？"

"是的，可是我没有带钱。"方冰犹豫地说。

"没关系，我请你吃吧。"老奶奶端来一碗面和一碟小菜。方冰满怀感激，没吃几口，就掉下了眼泪。

"你怎么了？"老奶奶关切地问道。

"我很感激您。虽然我们不认识，但您却对我这么好，可是我妈妈，她却每天都跟我吵架，还骂我。"方冰边说边哭。

老奶奶听了，平静地说："孩子，你好好想一想，我不过是煮了一碗面给你吃，你就如此感激我，那你妈妈为你煮了十多年的饭，又为你洗了十多年的衣服，你怎么就不知道感激她呢？怎么还能跟她吵架呢？"

方冰听后便愣住了。她赶紧吃完面，就往回家的路上走去，在走到家门附近时，一眼便看见疲惫不堪的妈妈正在路口四处张望……妈妈看到她，脸上立即露出了微笑："快回家吃饭吧，再不回家饭都凉了。"方冰的眼泪又忍不住掉了下来。

引导孩子改变不孝敬的行为

引导孩子改变不孝敬的行为，父母可以分三个步骤来做。

第一步，创造分享的家庭氛围。将孩子在家中特殊身份地位取消，孩子不能独占喜爱的食物，即便孩子大哭大闹，父母也不能让步，只要孩子知道哭闹没用，下次就不会用哭闹的方法了。

第二步，父母要做出榜样。父母在日常生活中必须做到互相关心、爱护，尤其要孝敬长辈、礼貌待人，为孩子树立模仿的榜样，经过一段时间，同样的品质和行为就会再现于孩子身上。

第三步，培养良好的交往意识。让孩子学会对为自己服务的人表示感谢，学会为需要的人提供帮助，有好吃的食物时要先考虑长辈等，只要孩子学会礼貌地待人、交往，并为此获得赞扬和快乐，孝心就能在孩子的心底逐渐生根发芽。

宽容，让女孩懂得体谅

    学会宽容，才能拥有一种非凡的气度和宽广的胸怀，才能用一颗包容的心去接纳一些人一些事；学会宽容，才能拥有高贵的品质和崇高的思想，才能使自己的内心更加丰盈、做事更加成熟；学会宽容，才能拥有一颗仁爱的心和善良的灵魂，才能平静地对待事物、原谅他人的错误。宽容是一种生活的艺术、生存的智慧，能够淡然地看待人生的成败。

    宽容是一种品德，更是一种做人的智慧，如果父母能够教女孩学会宽容，那么她就能与任何人交往，领悟到与人交往的智慧。学会宽容，就会让女孩拥有一份良好的人际关系；而良好的人际关系能让她的生活更加快乐。

让女孩在与人交往中学会忍耐

    宽容有时就是一种忍耐。当女孩在学校和同学相处时，每个人或多或少都会有一些小毛病，这就需要父母教会女孩包容和忍耐他人的缺点，告诉她，每个人都有缺点，自己身上也可能存在别人不喜欢的缺点，只要多一点包容，你们就能和平共处。

言传身教作用大

195

每位父母都希望自己的女儿能拥有良好的习惯和美德，能够学会宽容，学会和他人友好相处，在快乐的氛围中健康成长。如今的社会强调要以人为本，只有父母先学会包容自己的女儿，接纳女孩一些自己不是很赞赏的行为，才能让女孩今后学会包容他人、宽容他人，才能让女孩学会与人合作。当然，父母的宽容不等于默许，当孩子犯错误时，父母要引导孩子分析错误所产生的后果，鼓励孩子承担后果和过失，有利于培养孩子的责任心。

让女孩正确地宽容他人

父母要让自己的女儿知道，世界上没有十全十美的人，每个人身上都会有你不喜欢的缺点，在和同伴相处时，没有必要要求别人变成你喜欢的样子，当别人显现自身缺点时，只要不是那种损人利己的品行方面的问题，都应该理解别人、宽容别人。要告诉自己的女孩，宽容不是什么都按照别人的要求去做，不是盲目地服从，要在辨清是非后再对其进行退让与宽容。

宽容其实很简单，只要对他人多一份理解、多一份体谅，就能够学到宽容；宽容也很复杂，因为宽容需要去理解他人、包容他人，这需要时间，需要拥有一颗善解人意的心。宽容其实就是一种淡然的心态，在不伤害自己利益的前提下去接纳他人的意见、理解他人的作为；宽容也是与人合作的一种技巧，会让女孩更具魅力，更加愉快地走向未来。

感恩，让女孩懂得回报

感恩不仅是一种好的美德，更是一种良好的心态。父母应尽量做到将自己与女儿的爱变成双向的互动。让女孩在接受来自父母的爱的同时，懂得如何用爱来反馈和回报自己的父母。只有让女孩学会了感恩，才能让她日后在学校里、在工作中，能够更好地与周围的人融洽地相处与合作。

前苏联著名教育家苏霍姆林斯基说过："良好的品质都是在童年时期形成，如果童年蹉跎，那么失去的将无法弥补。"父母要知道，对女孩进行感恩教育有利于培养她的爱心和同情心。女孩要是能够怀有感恩之心，不仅有助于她与人为乐、与人为善、乐于助人等良好品德的养成，促进她养成良好的习惯，还能对她未来拥有和谐的人际关系起到重要的作用。让女孩学会感恩可以影响她今后一生的发展。

将感恩渗透到女孩的心田

感恩是对生活的一种良好的态度，是人人都应拥有的一种美德，感恩可以让人情感更加丰富、内心更加健康地成长。让自己的女儿拥有一颗感恩的心，是父母必须完成的任务。让感恩渗透到女孩的心底，让女孩感受到感恩的美好、感受到帮助他人的美好，让女孩从心底懂得感恩，这样才能让女孩拥有这份良好的美德。

耳濡目染，让感恩进入女孩的心底

夫妻之间能够相互关心、相互感恩，也能为女孩起到良好的榜样作用，例如，在家中，当爸爸过生日的时候，妈妈就要告诉女孩为爸爸准备一份惊喜，并告诉爸爸自己很爱爸爸；或是在母亲节的时候，爸爸让女孩为妈妈准备礼物，并让她去感谢妈妈这么辛劳地照顾自己；还可以在过年的时候，父母告诉女孩为爷爷奶奶捶背、按摩等等。这些看似不起眼的事情都能让女孩感受到感恩的快乐，父母特意为女孩营造这种感恩的氛围，就会让女孩在这种氛围中慢慢学会感恩，让感恩化入女孩的心底，让她拥有一颗感恩的心。

父母的肯定让女孩学会感恩

当女孩在为你做了一些事情而向你邀功时，不要因为她做得差强人意就不去表扬她，就算她是好心办坏事，你也要表扬她，向她说明你很感谢她为你做的这些事情，并提出一些意见，让女孩既得到表扬又有信心知道下回应该怎样做。只有由衷地赞赏才会给女孩最大的鼓舞，只要有你的肯定，女孩就会体验到感恩的快乐，就会知道感恩不仅能够使他人快乐，还能让自己感到愉悦，就会让女孩心中有感恩，并怀着这颗感恩的心去面对这个世界，就不会害怕今后的艰难险阻，以乐观的心态去面对一切。

信任，让女孩赢得更多的朋友

　　信任就像春天的小雨，滋润着人们干涸的心田；信任就像夏天里的一阵凉风，让人感受舒畅；信任就像秋天的果实，让人感到由衷的欣慰；信任就像冬天里的火把，让人感觉温暖与感动。只要每个人给予对方一点信任，相信这个世界会更加美好。

　　信任是人与人交往中必不可少的条件，只有先信任对方才能让他感受到你的真诚，感受到你对他的尊重与重视。这种真诚就是打开对方与你交往的大门，还能让对方增加对你的信任。信任可以为你赢得更多的朋友，每个人都需要他人的信任。因此，父母要让自己的女儿去学会信任他人，这样才能让她拥有更多的朋友。

信任，让女孩轻松地生活

　　现如今的人们总是说活得太累，这个累是怎么产生的呢？这就是因为现在的人们过多地伪装自己，怀疑、猜忌别人，人与人之间的信任感越来越淡薄，才会让自己的内心很累。其实，信任也是一种让人们生活得更加轻松的方式。

　　但是，信任他人也不是一件容易的事情，父母可以让女孩从关心他人、体谅他人开始，让她在一种和谐、欢快的氛围中慢慢放下内心的警戒，尝试着去信任他人，在体会到信任他人能给他人带来喜悦并能让自己心情放松后，女孩就会试着去相信更多的人，这样就能放松她的内心，让她轻松、愉悦地生活。

相信自己，相信他人

父母要知道，相信他人的前提就是要相信自己，一个没有自信、很自卑的人是无论如何都不会去相信他人的，在面对别人的优点时，她只会感到压抑，在面对别人善意的帮助时，只会让她疑神疑鬼，不敢去接受、不敢去拒绝。因此，父母要让女孩相信自己，让女孩拥有足够的自信，这样她才能勇于地展示自己，生活得更加多彩。当女孩相信自己后，她就会去相信他人，去接受别人的好意，赢得更多的朋友，拥有更加精彩的明天。

不要让女孩盲目地相信

尽管当今的社会还是好人多，但也不乏一些坏人，由于女孩社会阅历较少，缺乏判断的能力，父母就要教会女孩辨明是非，分清好与坏，对陌生人要提高警惕，不要盲目相信陌生人，让女孩在学会信任的同时，也学到一些安全知识。

爱心，让女孩感受世间的美好

父母想要培养女孩的爱心，就需要你用爱心来浇灌女孩。现在的世界色彩缤纷，世间的情感更是丰富多彩，只有让女孩用一颗充满爱的心来看待这一切，她才能以正确的态度去感悟、去接受这个社会。

想要女孩拥有一颗纯真的爱心，父母就需要做一个传播爱的使者，让女孩感受到爱、受到爱的影响，尤其是在女孩的童年时代，父母更需要让女孩时刻感受到爱的温暖，这样就能够让女孩拥有一颗爱心，将爱传播下去。

让女孩心中有爱

父母要注意平时对女孩一点一滴的教育，一言一行的培养，在生活中观察女孩，让女孩在你的一言一行中感受到爱心，让那仁慈博大的爱心在女孩的心底扎根，让这爱心随着她的成长不断地扩展、升腾。只要让女孩有一颗仁爱之心，她就能爱父母、爱朋友、爱家乡、爱祖国，就能让她的未来更加幸福。

父母在培养女孩的爱心时，不能只让她对家人有爱心，还要教育她对老师、对朋友、对同学、对其他人都要有同情心、有爱心，并教育她要乐于助人，还要及时肯定、表扬女孩帮助他人的行为,让她亲自体验到帮助他人后的快乐。父母还要鼓励她积极参加一些公益活动,例如为贫困山区儿童捐款、捐物,去养老院照顾孤寡老人,或是让她在公交车上为老人让座等等,这些都可以培养女孩拥有爱心,从小就在她的心灵内种下善良、包容、充满爱意的种子,让她懂得只要人人都能献出爱心就能让世间更加美好。

让女孩成为传播爱的使者

父母就是传递爱的使者,父母互相爱着彼此、关爱着老人、疼爱着孩子、善待着亲朋好友,女孩在这种爱的氛围中感受着爱的快乐,就会让她在不知不觉中不仅成为爱的接受者,还慢慢变成爱的传递者。父母的一言一行无时无刻不在影响着女孩,简单的说教并不能起到明显的作用,只有言传身教,才能让她真正地体会、真正地感悟、真正地留在心底。也许父母们不知道,你对残疾人的一个同情的眼神,便胜过你教育女孩要拥有爱心的很多话语。女孩会在模仿中感受到爱,在教育中体会到爱,逐渐成为真正的爱的传播者。

给女孩创造传播爱心的机会

父母不能只是教育女孩让她拥有爱心,也需要给女孩创造让她献出爱心的机会。父母可以让女孩养一只小动物,或是养一些花,这不仅能培养女孩的责任感,让女孩修身养性,还能让女孩更加富有爱心。当女孩做了一些富有爱心的事情后,父母要及时给予她肯定与表扬,这就会让女孩的心中产生一种为他人付出的愉悦感,产生继续这么做下去的强烈愿望,逐步让女孩养成关爱他人的健康向上的心理。

Part 10
第十章

良好习惯，
好习惯成就女孩好人生

我们都知道：习惯决定人的性格，而性格决定人的命运。习惯并不是与生俱来，而是后天培养而成。因此，为了父母们的小公主能有个美好的未来，就一定不要忘记对她习惯的培养。只有让女孩拥有良好的习惯，才能让她充满智慧，变得更加优秀而富有魅力，更加顺利地走向自己的未来，拥有更加美好的人生。

好习惯，成就好的人生

古人曾经说过："少年若天性，习惯成自然。"这说明孩子的良好习惯要及早培养。习惯决定性格，性格决定命运，可见习惯对于一个人的重要性。

俗话说得好："江山易改，禀性难移。"这就充分说明了习惯的威力是巨大而顽强的，一旦形成，没有十足的毅力与努力，很难将其改变。一个人的习惯并非与生俱来，而是在后天的生活环境中受到各种影响而逐渐形成的。良好的习惯会让女孩终身受益，所以一定不能忽视培养女孩的各种良好习惯。

教育孩子时要坚持原则

在教育孩子时，一些原则不能丢弃，最好不要纵容，要知道，有一次，就有下一次。有时，当孩子无理取闹时，不妨采取强硬措施，严格要求下，很容易培养其良好习惯，除此之外，父母也要为孩子树立良好的榜样。每个孩子都希望别人能喜欢自己，所以，不妨时常告诉孩子，好孩子才会受到别人喜欢，无理取闹只会让大家讨厌，相信孩子一定会改变自己自己身上的这一缺点。

让女孩在行动中养成良好的习惯

教育家陶行知先生曾在他的著作《教育的新生》一文中写道："我们所提出的是：行是知之始，知是行之成。行动是老子，知识是儿子，创造是孙子。有行动之勇敢，才有真知的收获。"这就告诉我们。女孩良好习惯的养成要在真正的实践中去完成，一定要不断地让她身体力行，才能使良好的习惯成为自然。因此，父母们不要什么都为女孩去做，要让女孩自己去体会，当女孩有不好的习惯时要及时纠正她，有好的行为时要及时表扬她，表扬有助于她将好的行为延续下去，慢慢成为她自己的习惯。

女孩的习惯要正确地引导

许多父母只是注意对女孩智力的开发和培养，为了追求考试成绩，强迫女孩做很多练习题，可是，你们有没有想过，高分只是暂时的，只有在女孩拥有良好的学习习惯之后，你们才能不用去强迫她看书学习，可遗憾的是，很多父母都没有意识到这一点。当女孩成绩不好时就责备批评她，在批评声中，女孩早就厌倦了学习，把学习当做一种痛苦，对学习越来越没有兴趣。所以，父母们请闭上批评女孩的嘴，只有循循善诱才能让女孩对学习产生兴趣，爱上学习，在不知不觉中形成良好的学习习惯。一个良好的学习习惯，可以让女孩受用一生。

其实，生活就是在教育，父母不论在行为举止还是谈吐等方面都应该给女孩做一个最好的榜样，不仅让女孩在讲话时要注意礼貌、举止要文雅，自己也要注意。父母要以身作则，让女孩在这种长期熏陶中潜移默化地得到最佳的教养，让女孩的良好习惯在不知不觉中形成。

重视女孩的每一次开始

著名的教育家曼恩曾说："习惯仿佛一根缆绳，我们每天给它缠上一股新的绳索。要不了多久，它就会变得牢不可破。"的确如此，若是从第一道绳索开始时就没有缠好，就算以后为其再缠上无数道绳索，也只会越缠越歪。所以，想要为培养女孩的良好习惯打好基础，父母们一定要注重初期培养，当良好行为出现时及时给予她鼓励使其强化，同样，在出现不良行为时及时矫正。如此，每次缠上新的"绳索"，使好习惯变得牢不可破。

培养女孩良好的习惯、增强她的能力就是教育的目的。只要养成了好习惯，她的能力就会增强。为了让女孩今后能够顺利地走向社会，父母一定要将培养女孩的好习惯放在第一位，尤其要重视女孩的每一个第一次出现的行为。因为第一次的好坏某种程度上代表着今后的好坏，所以，当女孩出现不良习惯的时候，父母们一定要及时让其改正。这样，才有利于好习惯的养成。

循循善诱，改掉女孩的小毛病

小时候是女孩养成好习惯的关键时期，父母一定要重视从小培养女孩的良好习惯。由于女孩在上学后会和不同的人接触，难免会受到这些人的影响，所以不管是在什么时候，父母都要注意女孩的一举一动，一旦发现她有不好的行为就要帮她纠正过来，并耐心地告诉她为什么这么做不好，并鼓励她把这些不好的习惯改正，不要对她大喊大叫、严厉指责，这样会伤害她稚嫩的心灵，让她不知所措。

珠珠现在已经小学五年级了，每次做作业都没有让父母操心过，都能按时完成，而且，她还知道为妈妈分担家务，这都是由于妈妈在她小的时候提醒她的原因。

在珠珠三岁时，一次吃饭时，珠珠将自己最喜欢吃的菜放到了自己的面前，不想让别人吃，妈妈看到后就对珠珠说道："你这样是非常不礼貌的行为，你怎么可以只顾自己而不让别人吃呢？"

珠珠听后很不高兴，赌气连饭也没吃就走了。可看到妈妈半天都没有理她，不由得想到：看来我这么做真的不对，连最疼我的妈妈都不理我了。随后就和妈妈道了歉，事后，妈妈对珠珠说："你那样做真的是很没有礼貌，以后要做一个懂礼貌、听话的好孩子。"

当珠珠上小学一年级时，妈妈就告诉她："放学回家后的第一件事就是写作业，写完作业咱再踏实地玩，知道吗？"从此，珠珠不论是在平时还是在节假日都会将作业先做完，因为她始终记着妈妈说过"学习完后再玩"。

防微杜渐，重视女孩第一次做出的不良行为

女孩习惯的好坏通常取决于第一次行为的好坏，父母们作为女孩的第一任老师，就更应该重视并抓住女孩每一个"第一次"的教育时机，这才有助于良好习惯的养成。例如，当女孩第一次骂人的时候，其实她会特别注意父母的反应，若此时父母不但不批评教育，反而当成笑话或认为孩子聪明，孩子就意识不到这种行为的错误，还会做第二次、第三次，不但不会刻意去改掉这个不好的习惯，还会骂得越来越厉害。可是，如果你的女儿第一次骂人的时候，你不理她，她就会知道这样不会引起你的注意，过后你再告诉她"骂人是非常不好的行为，你要是骂人的话就不会有人喜欢你"，这样她就会意识到这是种不良的行为，就会注意以后不再这样做。

良好的学习习惯，使女孩受益一生

习惯会影响女孩的生活方式及个人成长的道路。好习惯将会成为女孩成功的导师，让她受益一生。因此，拥有一个好的习惯对她极为重要。著名教育家叶圣陶先生曾说过："什么是教育？简单一句话，就是养成良好的习惯。"

每个父母都想将自己的女儿教育好，希望女孩上学后能有好的成绩，可是却忽略了要从小培养她拥有良好的学习习惯。每当女孩成绩不好时就对她批评责骂，而不去帮助她分析原因，责骂只会让女孩对学习产生抗拒心理，打击她的学习积极性。所以，父母们一定要注意自身的教育方法，只有言传身教才能让女孩折服，让女孩从你的身上学到一些好的学习习惯。

培养女孩良好学习习惯的重要性

如今，很多父母都十分重视对女孩智力的开发，并且在这方面不惜投入大量的时间及金钱，但效果却并不明显，这主要是因为父母们还不明白该从哪些方面来培养女孩的智力、全面开发她的潜能。其实，教育女孩不仅仅是为了让她学到文化知识，最重要的是要让她掌握学习的途径及方法，并养成良好的学习习惯，在学习中找到好的态度，形成习惯。俗话说"习惯成自然",只有养成了良好的习惯,女孩才会知道该怎样去学习,就不会让父母担心她的学习问题,在今后的工作中也会更加出色。所以,良好学习习惯的养成可以让女孩一辈子受用不尽。

坚持住才会有所收获

女孩良好的学习习惯并不是一两天就可以养成的,这个过程既严格又漫长,它需要反复强化,才会有所显现。美国著名数学家、现代控制论的创始人维纳,其父对他早期的学习习惯培养十分严格。他回忆说:"其实代数对我来说并不难,但是父亲的教学方法,常常让我必须集中精神,纠正每一个错误。他对我无意中犯的错误,第一次是警告,会用尖锐而响亮声音说'什么',若是我不能马上纠正,他会十分严厉地训斥我一顿,让我'再做一遍'。之后,我曾遇到不止一个能干的人,可他们到后来都一事无成。就是由于他们这些人松懈学习,没有得到严格纪律的约束。我从父亲那里受到的正是这种严格的纪律训练。"正是由于父亲的严格训练,才最终让维纳养成良好的学习习惯,成了世界著名的科学巨人。

良好的环境促进女孩专心学习

每当女孩在家中学习时,父母一定要为她提供一个安静的学习环境。在她学习时,家里要尽量保持安静,最好不要开电视、电脑,如果不是在同一个房间,就要把门关好,将电视的声音尽量调小,这样才不会分散女孩学习的注意力,让她专心地学习。或是父母规定在每天的某个时间段,父母与女孩要一同读书、看报、学习,营造一个学习的氛围,也有助于女孩专心学习,培养她良好的学习习惯。

不挑食不偏食，培养女孩良好的饮食习惯

很多女孩存在严重的挑食偏食的现象，这些习惯大多是在小的时候养成的。一旦养成这种习惯，就会使女孩的营养失衡，不能健康成长，而且这种习惯还会伴随女孩的一生。所以，为了自己的女儿能够健康成长，父母们一定要从小就要培养她不挑食的好习惯。

许多父母都很伤脑筋，不论是对女孩讲道理，还是对她"威逼利诱"，都不能让她吃一口她不愿吃的食物。父母们要知道，女孩挑食的习惯是在家中养成的，因此父母不能溺爱自己的女儿，一定要注意均衡饮食。

注意女孩的饮食情况，让她健康成长

中小学阶段是女孩形成饮食习惯的关键时期，所以父母一定要注意在这一时期均衡女孩的饮食，培养她不挑食的好习惯。对许多女孩来说，挑食是一个很普通的现象，但是父母们还是要注意均衡她的营养，以免影响女孩的生长发育。父母们一定要从小就培养她良好的饮食习惯，这也会让她受用一生。

坚持与鼓励让女孩爱上吃饭

当女孩还小的时候，如果她觉得饭菜不合口就不吃饭，父母不要逼她，可以允许她不吃，但是父母在两餐之间不要给她零食，让她尝试一下饿肚子的滋味，她就会明白只有好好吃饭才不会饿肚子。当女孩表现得好时，父母就要及时鼓励她，这样可以让她这种好的饮食习惯得到巩固。

　　而对那些稍微大一些的有偏食行为的女孩，父母就要对她讲道理，通过各种实例告诉她偏食的危害，鼓励她试着吃一些她不愿吃的食物。尤其是对中小学生，父母只要方法适当，并不断坚持，不溺爱自己的女儿，就能逐渐纠正她这种偏食的行为。从小的时候就去纠正当然会更好。但是父母们要注意，不要在吃饭的时候训斥和责骂女孩，应该为女孩营造轻松愉快的进食气氛。

父母也会影响女孩的进食习惯

　　其实，大多数女孩的口味与父母的口味十分相近。父母一定要以身作则，在买菜时不要只根据自己的口味买，否则女孩也会跟着父母一起偏食。父母一定要起到表率的作用，不论什么都要和女孩一起吃，在言传身教中培养女孩良好的饮食习惯，让女孩不再偏食、挑食，健康成长。

不要粗心，要细心

现如今，大部分父母都只重视女孩在学习上是否粗心，往往忽略了她在生活上的粗心。其实，女孩在生活上的粗心就是在学习上粗心的源头，只有将生活上的粗心消除，才能让她在学习上细心。所以，父母一定要重视女孩在生活上细心的培养。

现在，女孩粗心似乎成了一个很普遍的问题，许多父母对此也很无奈。当女孩粗心大意时，有些父母会训斥，但总是效果不大。其实，想要改掉女孩粗心的毛病，养成细心的习惯，只能让她自己去做，在实践中慢慢变得认真细致。

认真引导，让女孩学会细心

想要纠正女孩粗心的习惯，父母就要有高度的耐心和责任心，因为这是一项细致、艰难的工作，切不可过于急躁，更不可对她大声责骂，父母的责骂只会让女孩情绪紧张，打击她的兴致及自信心，只能使她更加粗心。父母要耐心地去引导她，告诉她在做事前要学会观察，要帮助她逐渐形成认真仔细的思维模式，当女孩进步时要及时给予鼓励和表扬。这样，女孩才会慢慢改掉做事粗心的不良习惯，变得认真仔细起来。

让女孩自己去承担粗心的后果

大部分父母会在女孩做完作业之后为她检查，只要有错就会告诉她让她改正，久而久之，就让女孩产生了依赖感，认为父母会帮她找出错误，只要能改正过来，第二天就不会受到老师的批评。这导致她作业做得好，可是考试成绩却不理想，并且都是因为粗心才丢的分数。这就提醒了父母，一定要让孩子自己去检查作业，让她体会到自己的粗心所带来的后果，这样才能改正她粗心大意的不良习惯。

香香的爸爸是位高中老师，所以自从香香上小学开始，每天都会让爸爸给她检查作业。虽然香香的作业上全是小红花，但是期中的考试成绩却不理想，爸爸看着香香的考卷发现全是因为粗心马虎而丢的分，爸爸便意识到，不能再这么给香香检查作业，应该让她自己来检查。

一天，香香又让爸爸检查作业，爸爸说道："你自己检查了吗？"

"检查了啊！"香香糊弄着说。

"那就再去检查一遍，看看有没有错误。"爸爸将作业本还给了香香，而香香在检查了两遍之后还是没有检查出错误。

第二天，香香放学回家后气冲冲地对爸爸说："你怎么没给我检查出来错误呢？今天老师都批评我了。"

"因为是你自己说没有错误的啊！"爸爸对香香说道。香香想了想也对，她检查了两遍都没有检查出来。

"现在知道要仔细地检查了吧！只有自己仔细地去检查，才会找到错误，不挨老师的批评，在考试的时候才不会考得不理想啊！"爸爸语重心长地对香香说道。

"嗯，我知道了，以后一定要认真仔细地检查。"香香对爸爸认真地说道。

鼓励女孩永不退缩

父母们是不是也都发现，现在的女孩做事都喜欢半途而废，很少把事情做完或是坚持去做某件事情。其实，女孩都想把事情认真地做好，可是父母的唠叨或是挖苦会让女孩失去做下去的决心。所以，父母们请不要吝啬自己鼓励的语言，多多去鼓励自己的女儿吧，这样才会让她有做下去的决心与信心，在做事中养成仔细的习惯。

有技巧地传授女孩虚心好问的好习惯

每个人的知识都有限，所以每个人都会遇到不明白、不熟悉的事情，这非常正常。可是有的孩子十分爱慕虚荣，经常不懂装懂，这样一两次还可以，但是次数多了就会变成别人的笑柄。而不懂装懂有时甚至会酿成大错，影响她的一生。为了让孩子获得更多的知识，父母从小就要教育孩子虚心好问。

每当女孩发现书本上有什么不会的问题向父母提问时，父母一定要耐心地去解答她的问题，并称赞她，这样才会逐渐养成她虚心好问的好习惯。但是父母们也要注意，不要将答案直接告诉女孩，以免让女孩养成依赖的习惯，一定要引导她，鼓励她开动脑筋自己去解答问题。

喜欢提问的女孩更聪明

当冉冉进入小学高年级时，妈妈发现冉冉喜欢唱歌，喜欢听歌，可是却唱不完一整首的歌曲；她还喜欢看体操比赛，可她自己却不爱运动；冉冉有一台收音机被她自己拆坏了，并且没能把它还原；她还很喜欢看书，性格比较安静，不像别的小女孩总是叽叽喳喳。因此，妈妈认为冉冉比较适合学习理科，于是就根据这个方向来激发她对理科的兴趣。

小冉冉对任何事情都有强烈的好奇心，而好奇就能够促使她对事物产生探究的兴趣。妈妈从这一点出发，注意在教育中引起冉冉的好奇心，而每一次好奇心的诱发都会含有一些科学的内容。

　　一次在坐火车时，妈妈问冉冉："冉冉，你看这车窗外的树为什么都往后跑呢？""因为火车一直在向前开。"冉冉回答。"那你再看看远处，那些远处的树木是向后跑还是向前跑呢啊？""啊！远处的树怎么会向前跑呢？整个大地好像都在围绕一个看不见的轴在转动。妈妈，这是怎么回事啊？"于是，妈妈便给她细细讲解了一番，引发了冉冉对运动现象的浓厚兴趣。

　　在教冉冉骑自行车时，妈妈问她："我要将一个箱子从外屋推到里屋，这摩擦力是大还是小？""大，这样推起来会更费力。"冉冉回答。"那现在自行车的轮子与地面的摩擦力是小是大？"冉冉就回答不出来了。妈妈解释说："自行车后轮与地面的摩擦力向后，那么它的反作用力就是向前，在推动自行车时是往前推，所以人踩上脚蹬子后，车子就可以向前行驶。""那这个摩擦力是小的了。"冉冉兴奋地说。"也不全都是小的，前轮与地面产生的摩擦力就是大的了。"

父母要起引导作用

　　当女孩遇到难题时，父母不要让她依靠你们去解决，最好是对她做一些提示或是反问，鼓励她独立思考。当女孩克服难题后，就会十分有成就感，渐渐不再依赖他人去解题。父母们一定要在教育中让女孩知道，虚心好问可以，但不要总是依赖于他人，这样的虚心好问才是良好的习惯。

现在许多女孩都养成了做事拖拉的不良习惯。而这种坏习惯都是从小事中逐渐发展而来的。要是父母们认为做事慢慢吞吞、拖拖拉拉不是什么大事，那就大错特错了。当今社会，发展越来越迅速，如果女孩不具备做事麻利、凡事都抓紧时间的好习惯，就会适应不了社会发展，最终只会被淘汰。

父母要是发现原本动作挺快的女孩，不知从什么时候开始变得越来越磨蹭了，或是女孩在其他方面表现得都很好，唯独做事拖拖拉拉，父母们一定要分析原因，对症下药，才能将她做事磨蹭的毛病根治，才会让她做事越来越利落。

让女孩自己去做

女孩做事拖拉、懒惰，看似是个很简单的问题，但这些却能看出一个人的素养以及家教的好坏。相信每个做事干脆利落的女孩，都会受到同学、老师及今后领导的喜爱，父母们也希望自己女儿能够那样，可每当看到女孩做事磨磨蹭蹭后就忍不住帮她一把，或是干脆替她去做，有的父母甚至为了女孩能够有更多时间去学习将所有事情包办，这就让女孩丧失了锻炼的机会。所以，为了让女孩能够养成做事利落的习惯，父母们就不要总是抢着帮她干这干那，让女孩自己动手去做。

制订学习计划，改正学习拖拉的习惯

父母会发现，女孩做作业的效率十分低，而且经常做着做着就干别的去了，导致本来可以 8 点完成的作业愣是推到了 9 点才完成。这就需要父母和女孩一起制订学习计划，例如，规定女孩做作业的时间最多只能推迟到 9 点半，在 10 点钟之前必须睡觉等等。让这些来约束女孩赶紧做作业，父母也可以在旁边记录一下女孩在一个小时或是半小时内能写多少个字，能做多少道题，这样，就能让女孩下意识地赶紧做作业，渐渐养成学习不拖拉的好习惯。

当然，女孩在每次写完作业后，如果都能得到期待中的父母的肯定与表扬，女孩在今后就会写得更认真一些，就会相对减少拖拉的次数。有些女孩天生就是慢性子，父母要根据不同的情况来采取不同的方法。

天生就是慢性子的女孩，父母对她简单的鼓励和打骂都没有作用，只能让她从生活中的点滴做起，慢慢培养她生活上的好习惯，然后再转移到学习中，当然，父母的榜样作用也同样重要。如果父母在平时做任何事时都表现出积极、利落、干脆的风格，孩子自然也就慢慢学会了。

劳动最光荣，让女孩爱上劳动

  勤劳是中华民族的传统美德，是一种良好的生活习惯。父母不能忽视对女孩良好生活习惯的培养，而艰苦的劳动不仅可以锻炼女孩的意志，增强她的自信心，锻炼她的身体，还可以让她从中体会生活的艰辛，更加体谅父母的付出，学会珍惜。

  由于现在的父母们都"望女成凤"过于心切，只重视女孩在智力方面的培养，而忽略了对女孩的劳动教育，认为只要她能把书读好，今后这些劳动活自然而然地也就会做了，因此什么事情都不让女孩自己去动手实践，最后连起码的自理能力都没有。父母必须明白，一定要让女孩德智体美劳全面发展，少了一种都不行。因此，必须重视培养女孩热爱劳动的习惯。

不要溺爱自己的女儿

  现如今，人们的物质生活水平在不断提高，每个女孩都有了更为优越的学习生活条件，女孩也都成父母长辈的掌上明珠，衣来伸手饭来张口，逐渐养成了懒惰的习惯，甚至失去自理能力，好吃懒做，不能辛勤地学习工作。所以，父母为了自己的女儿能有个美好的未来，一定要让她去体会劳动的艰辛，去感受劳动成果所带来的喜悦。

树立"劳动最光荣"的思想

父母想要培养女孩热爱劳动的习惯，就要先从她的思想着手。当女孩还小的时候就要告诉女孩，只有爱劳动才会受到长辈和朋友的喜爱，并让她从小就做一些力所能及的家务，不论做得好不好父母都要对她进行表扬，这样才能让她在实践中找到劳动的方法，让劳动成为习惯，还要告诉她要珍惜劳动的果实，让她懂得每天吃的、用的、住的都是劳动人民汗水的结晶，从而确立女孩劳动最光荣的思想。

劳动习惯的形成需要坚持

所有的孩子在学校的时候都喜欢表现自己，每当大扫除的时候都会抢着干活，回家后还会和父母炫耀自己今天做了什么，当父母们知道后一定不要去阻止，还要表扬她，并试着让她在家中也做一些家务，例如扫地、洗碗、洗自己的手帕、整理自己的床铺等等，从小事做起，慢慢地让她养成劳动的习惯。对女孩的劳动成果，父母要及时地表扬，如果她中途想要放弃做这些事情，父母就要鼓励她，让她有信心做下去。只有让她长期坚持，才能将劳动变成习惯。

父母们要注意，不要将劳动当成一种对女孩的惩罚，这样会影响女孩对劳动的正确认识，对劳动产生反感。所以父母在教育中也要注意方法，只有方法用对了才会出现好的结果。

培养女孩知错就改的习惯

　　女孩难免会犯错，例如，不小心打坏一个花瓶，不小心弄坏了妈妈的化妆品，在学校的时候不小心闯点小祸等等，其实，不怕女孩犯错，就怕女孩不知改正，总是一错再错，因此，父母们培养女孩知错就改的习惯也要刻不容缓。

　　当女孩犯错的时候，父母们不要只是训斥她，而要和她讲道理，让她知道错的原因，以及如何在错误中吸取教训、累积经验。当女孩还不具备辨别能力的时候，父母们也要负责任地告诉她什么该做什么不该做，让女孩一步步地茁壮成长。

知错就改的前提是让女孩主动认错

　　已经上小学四年级的竹竹在家里玩溜溜球的时候，不小心打碎了妈妈的化妆瓶，这已经不是第一次打碎了。妈妈在厨房听到了声响，着急地问竹竹："是不是有什么东西打碎了？"竹竹淡定地说："没有。"

　　可是，当妈妈忙完厨房里的事后，走到房间一看，就看到了那个打碎了的化妆瓶。

　　而这时的竹还跟个没事儿人似的在旁边玩着溜溜球。妈妈看到溜溜球，就知道一定又是她干的，就问她："是不是又是你打碎的？""不是啊。"竹竹否认道。妈妈又连着问了好几遍，竹竹依然不承认。最后，妈妈沉住气说："妈妈不会打你，你就说这到底是不是你打碎的？"竹竹还是不承认。这时妈妈更生气了，抓着竹竹的手高声说道："你今天必须给我说清楚，不说清楚你就别做其他事了。"竹竹一脸委屈的模样。

双方僵持了好一阵子，竹竹还是一脸委屈地不说话，妈妈也实在没办法，只能命令她说："以后再打碎东西，就不让你玩溜溜球了！知道了吗？"竹竹点点头，终于说了句"知道了"。

教育女孩知错改错

父母们都知道廉颇负荆请罪的故事，你们就可以通过这个故事来告诉女孩，不管是什么人都会犯错，只要主动道歉认错就会得到他人的谅解，知错能改就是好孩子。要让孩子学会主动认错，千万不要心软就放弃让她认错的机会，同时也要告诉她为什么要让她认错，她错在了什么地方，这样才能让她养成知错就改的习惯。当然，父母们也要给女孩做好榜样，不要在犯错后为了树立自己的威信就不对女孩道歉，这会在无形之中对女孩产生不良的影响，导致她今后为了逃避责罚就对父母撒谎。

每当女孩犯了错，父母就会非常生气，抓着女孩的胳膊严厉责骂她。可是父母不知道的是，当女孩犯了错事之后就已经很害怕了，你若是再这样指责她批评她就会让她更加不知所措，甚至她会觉得你们已经不爱她了，就会在她的心灵中留下阴影。所以，当女孩犯错后父母们请不要因为着急就对她大嚷大叫，一定要先让她主动认错，然后再向她说清楚后果的严重性，让她真的记住这次错误不要再犯，这样才不会让女孩心中产生认错就会受到责骂的错误认识，她就会在做错事后勇于承认自己的错误，从而养成知错就改的习惯。

培养女孩规律睡眠的好习惯

每个人都需要睡眠，睡眠是人体的生理需要，对于孩子的生长发育来说更是至关重要。

孩子在睡觉时氧与能量的消耗量较小，而且生长激素分泌较快，有利于她脑功能的发育和完善。充足的睡眠会让女孩精力充沛，保持愉悦的情绪以及良好的食欲，能够健康地成长；而睡眠不足的女孩通常无精打采，食欲减退，烦躁易怒，抵抗力低，容易生病。所以，父母要养成女孩良好的睡眠习惯，只有睡得充足，才会有好的状态。

强化女孩的时间观念，让她能够到点就睡

许多女孩一到了晚上就特别精神，不是缠着父母做游戏，就是要和父母看电视，总是折腾个没完没了。睡前过于兴奋，就会导致她久久不能入睡。因此，父母就要和她制订一个计划，如告诉她每天睡前讲完两个故事后就要睡觉，像这样来强化她的时间观念，只要一到这个时间就要提醒她该睡觉了，久而久之，就算你不给她讲故事，她也能按时入睡。

让女孩在轻呼中起床

父母在每天早晨叫女孩起床时，不要由于时间紧迫就大声地叫她起床，这样会让她突然地神经紧张，容易影响她的情绪。可以提前几分钟就开始轻声在她的耳边唤她起床，让她渐渐地从睡梦中醒来，这样能保证女孩一天都能精力充沛。父母们还可为女孩准备一个音乐闹钟，让女孩在轻松的音乐中起床。

让女孩按照作息时间表活动

父母可以和女孩一同商量制作一个作息时间表，规定女孩几点写完作业、几点刷牙、几点洗脸、几点睡觉等等，这样可以让女孩有时间观念，做事不拖拉，还有助于养成她的睡眠规律，有时间的约束也会让女孩知道自己该做什么。当女孩表现好时，父母就要表扬她，让她有成就感，来巩固她这种好习惯的形成。长此以往，女孩就可以不用时间表就能按时地睡觉，养成良好的作息习惯。

女孩不睡觉也不要责骂她

每当女孩过了睡觉的时间还不去睡觉，有些父母就会很生气，会威胁和打骂逼她入睡，但是这样会使她神情恐慌，容易做噩梦，严重影响她的睡眠质量。因此，父母在哄女孩入睡时请不要威胁打骂，要和她讲道理或是拿出之前的规定来要求她去睡觉。

为女孩营造一个舒适的睡眠环境

父母们也要注意女孩睡觉的环境。每当快到女孩睡觉的时间，就尽量不要再和她打闹嬉戏，也不要让她看电视，这样会造成她睡觉前过于兴奋或是不安心睡觉的现象。父母要让她按照安排好的作息时间进行休息，并告诉她早睡早起的好处，灌输她要早睡早起的思想。在睡前可以给她讲个小故事或是唱一首儿歌来哄她入睡，并且在她睡觉的时候为她营造一个安静的环境。同时，父母也要以身作则，不论是在周末还是工作日，都要为她做早睡早起的榜样。时间一长，她就会养成规律的睡眠习惯。

女孩的睡眠需要会随着年龄的增长而逐渐减少，父母也要随着她的年龄增长对她的作息时间进行调整，这样才能让女孩更加健康地成长。

讲卫生，让女孩更文明

个人的清洁卫生看似微不足道，但这方面却最能反映出一个人的教养与精神面貌。因此，父母们应从小就培养女孩讲卫生的好习惯，良好的卫生习惯不仅是保证她身体健康的必要条件，还会帮助女孩成为一个有教养的文明人，对今后的学习工作都会有事半功倍的效果。

父母不妨与女孩一同制定一些规定，并且要求全家人遵守。父母要从自身做起，通过实际行动来感染女孩，让她在潜移默化中养成良好的卫生习惯。

从小事起培养女孩讲卫生的好习惯

父母要从小就教导女孩要洗脸、刷牙、洗澡等，让她将这些行为当成生活中必须要做的部分，这样，女孩自会养成洗漱的习惯。父母们要注意，若是允许女孩出现一次不洗漱的行为，那么就会有第二次第三次，就会让女孩认为洗不洗都可以。所以，父母一定不要纵容女孩这种行为出现，第一次时就要告诉她不可以这样，并耐心地说明为什么要做这些事情，鼓励她将这些事情做完。这样才有利于习惯的养成。

别看盈盈刚上小学二年级，却有着良好的卫生习惯。盈盈的妈妈是一名医生，由于职业的关系，妈妈特别注意培养女儿讲卫生的习惯。妈妈从盈盈小的时候就对她说："盈盈一定要做个讲卫生、爱清洁的好孩子哦，这样别人才会喜欢你。当然啦，这就需要盈盈要从饭前便后洗手做起哦。"

盈盈好奇地问妈妈："为什么饭前便后要洗手呢？"

妈妈耐心地告诉她："因为我们的双手每天都要碰各种各样的东西，就会带有很多细菌，要是盈盈在吃饭前不把手洗干净，吃饭时就会把细菌吃进肚子里，那么细菌就会在肚子里生出更多的细菌。有了细菌，盈盈就会不舒服，那就要去医院打针吃药了。"

每次盈盈在洗手的时候，妈妈都为她准备好肥皂和擦手的毛巾，放在盈盈够得着的地方。妈妈还耐心地教盈盈洗手时把袖子挽起，要把手心和手背都洗干净，并为盈盈做一遍示范。

盈盈每天早晨起床后，都会自己洗脸、洗手。特别是在吃饭前，再也不用妈妈提醒，就会主动去洗手。

告诉女孩不讲卫生的严重性

当女孩出现不讲卫生的现象时，父母就要及时地告诉她这样会危害身体健康，还会让朋友疏远她，让其他人觉得她是个没有教养的孩子。告诉她不讲卫生的危害性，她就会慢慢地注意改正，从而逐渐地养成讲卫生的习惯。

让女孩主动地学会讲卫生

现在，很少有女孩自己洗衣服，自己整理房间，有些女孩到了外面还会乱扔垃圾，父母们不要小看这些行为，这些行为完全能够体现出一个女孩的教养。许多父母疼爱女孩，不让她干这干那，但这种溺爱其实不是爱她，而是在害她。想要让女孩养成讲卫生的好习惯，父母就要让她多做自己的事情，比如自己洗衣服、整理房间，这样才能让她随时都注意自身的卫生，逐渐地养成好的习惯。

培养女孩做事有始有终的好习惯

我国著名教育家陶行知先生曾经说："儿童期是人格和行为习惯形成的最佳时期。"因此，父母要抓好这个时期对女孩的行为习惯进行培养，这样才能让女孩今后拥有良好的习惯，顺利地进入社会，成为有用的人才。如果父母忽略了对她习惯的培养，让她在不知不觉中养成了许多不良的习惯，等到那时再将其纠正，就不会那么容易了。

现在大多数女孩是凭兴趣做事，一旦不爱做就会半途而废。很多父母都会为此而感到无奈，其实，父母们可以刻意郑重地交给女孩一些任务，例如，让她为家里的花浇水，或是喂养家里的小动物，或是让她每天早上去取报纸、牛奶等等，让女孩认为你是因为很看重她才会让她去做，就会让女孩不自觉地产生一种责任心，让她每天努力地做这些事情，逐渐地养成做事有始有终的好习惯。

自制力，让女孩坚持下去的条件

女孩由于年龄较小，自控的能力相对较弱，容易遇到一点困难或是自己不感兴趣就半途而废，因此，父母们就要去约束女孩的行为，提高她的自控能力。父母们可以先从女孩细微的生活方面入手，先提出小的要求，让她通过努力就能完成，同时父母也不要忘记对她进行表扬与鼓励，增强她的自信心，然后逐步增加难度，慢慢地你就会发现女孩的自控能力得到了明显的改善，可以有始有终地做好每一件事。

毅力，让女孩坚持下去的信念

想要让女孩做事有始有终，还要培养她的毅力，因为有了毅力她才能够坚持，才不会一遇到困难就放弃。可是毅力并不是很快就能培养出来，需要让女孩通过各种事情磨炼出来。例如，女孩喜欢看书，父母就可以先让她读一本她感兴趣的、比较薄的书，然后让她将看到的故事讲给你听，这就会让她有继续读下去的动力，就会一直坚持下去。像这样，女孩就能逐渐锻炼出毅力，养成做事有始有终的习惯。

让女孩坚守自己的诺言

若是女孩经常做事没头没尾，父母就要让她自己选择一件事情去做，并让她许下诺言，一定会将这件事情完成。让女孩许下诺言，就是要约束女孩一定要将事情做完，并给她做下去的动力和信念，让她一想到自己的诺言就会坚持下去，不中途退缩。像这样，也可以在不知不觉中使她养成有始有终的习惯。父母也可以将她的诺言贴在醒目的位置，可以时刻提醒她，让她坚持完成，这也会养成女孩信守诺言的好习惯。

当女孩做事遇到困难时，父母要及时地帮助鼓励，不要在一旁嘲讽她，打击她做事的自信心，只有在父母的表扬与鼓励声中，女孩才会把事情做完，并做得更好，进而养成做事有始有终的习惯。

热爱阅读，热爱学习

读书是扩展人们视野的钥匙，读书是充实人们心灵和智慧的种子，读书是使人迈向成功的阶梯。只有爱阅读、广泛地阅读，才可以开阔我们的视野，增长我们的知识，让我们少走许多弯路，一步一步走向成功。

古人云："书中自有黄金屋，书中自有颜如玉。"只有通过阅读，才可将女孩带入一个神奇的书的世界，才能让女孩通过阅读来获得更多的知识、明白更多的道理、感悟人生的真谛，让女孩的世界更加缤纷炫丽。通过阅读，还可以磨炼女孩坚忍不拔的意志，让女孩更加富有魅力。因此，父母们从小就要培养女孩阅读的习惯，让她慢慢爱上阅读。

朗读，爱上阅读的基础

父母们应该在女孩识字以后鼓励女孩朗读，培养她朗读的习惯，最好能规定她每天都能朗读20分钟，这样坚持下去，不仅能提高女孩的朗读水平，集中女孩的注意力，还能让她在朗读声中，渐渐对读书产生兴趣，有了兴趣，她就更容易坚持下去，从而养成习惯。当女孩习惯大声朗读后，就会累积大量的词汇，拓宽她的视野，丰富她的情感，这样，就会激发她想读更多书的欲望，为她爱上阅读打下良好的基础。

不要让女孩看太多电视

根据研究分析，当女孩每天看三个小时左右的电视时，就会影响女孩智力的发育，读书的效率就会逐渐降低。因此，父母要从自身做起，少看电视，每天和女孩一起看书，也可以让她来给你讲一个小故事或是念一段儿歌，这样就会促使女孩看更多的书，就是为了每天给你们讲故事。父母们要做一些有意义的事情，这样才能让女孩养成良好的习惯。

与女孩一同谈论读后感

父母们也可以每周都与女孩同看一本书，并在规定的时间内看完，看完后一同说一下读后感。这样，有助于女孩将书认真地看完，还能让她在书中真正地学到知识，而不只是为了应付才囫囵吞枣。父母们可以用上述的方法，同女孩一同讨论读后感，这不仅锻炼了女孩的口才，增强了亲子间的沟通，还能够让女孩真正地学到书本中的知识，让女孩在阅读中变得更加出色。

让女孩逐渐地适应阅读

父母们想要女孩爱上阅读，就不要一开始就让她读名著或是很死板的读物，这样会打消女孩阅读的积极性，让她觉得读书非常枯燥乏味。要从一些简单的、她感兴趣的读物开始，让她在慢慢地爱上阅读之后，再给她看一些文学著作来扩展她的知识，这样才能让阅读起到真正的作用。

父母想要培养女孩对读书的热情，自己也要喜爱读书，以身作则，经常保持一种阅读的氛围，也会让女孩在潜移默化中对阅读产生兴趣，慢慢地爱上阅读。父母们始终要记得自己的榜样作用是强大的，自己对女孩的表扬与鼓励所给女孩的那种信心，也是没有人可以代替的。